¡OH, TU FIDELIDAD!

Meditaciones sobre el Dios fiel

JUAN MANUEL VAZ

¡Oh, Tu fidelidad!: Meditaciones sobre el Dios fiel

Copyright © 2020 por B&H Español
Todos los derechos reservados.
Derechos internacionales registrados.

B&H Publishing Group
Nashville, TN 37234

Diseño de portada y ilustratión por Matt Lehman

Clasificación Decimal Dewey: 231
Clasifíquese: RELIGIÓN / CRISTIANISMO / DIOS

A menos que se indique otra cosa, las citas bíblicas se han
tomado de LA BIBLIA DE LAS AMÉRICAS, © 1986, 1995,
1997 por The Lockman Foundation. Usadas con permiso.
Las citas bíblicas marcadas RVR1960 se tomaron de la
versión *Reina-Valera 1960* ° © 1960 por Sociedades Bíblicas
en América Latina; © renovado 1988 Sociedades Bíblicas
Unidas. Usadas con permiso. *Reina-Valera 1960* ° es una
marca registrada de las Sociedades Bíblicas Unidas y puede
ser usada solo bajo licencia.

ISBN: 978-1-0877-3092-9

Impreso en EE. UU.
1 2 3 4 5 * 23 22 21 20

A Clicia, mi apoyo incondicional y compañera.

Contenido

Prefacio a la serie

Leer no tiene que ser difícil, ni mucho menos aburrido. El libro que tienes en tus manos pertenece a una serie de *Lectura fácil*, la cual tiene el propósito de presentar títulos cortos, sencillos, pero con aplicación profunda al corazón. La serie *Lectura fácil* te introduce temas a los que todo ser humano se enfrenta en la vida: gozo, pérdidas, fe, ansiedad, dolor, oración y muchos más.

Este libro lo puedes leer en unas cuantas horas, entre descansos en tu trabajo, mientras el bebé toma su siesta vespertina o en la sala de espera. Este libro te abre las puertas al mundo infinito de la literatura, y mayor aún, a temas de los cuáles Dios ha escrito ya en Su infinita sabiduría. Los autores de estos libros te apuntarán hacia la fuente de toda sabiduría: la Palabra de Dios.

Mi oración es que este pequeño libro haga un gran cambio en tu vida y que puedas regalarlo a otros que van por tu misma senda.

Gracia y paz,

Giancarlo Montemayor
Director editorial, Broadman & Holman

FIELES HASTA LA MUERTE

LOS AMIGOS JÓVENES DE DANIEL

El rey Nabucodonosor hizo una estatua de oro cuya altura era de sesenta codos y su anchura de seis codos; la levantó en el llano de Dura, en la provincia de Babilonia. Y el rey Nabucodonosor mandó reunir a los sátrapas, prefectos y gobernadores, los consejeros, tesoreros, jueces, magistrados y todos los gobernantes de las provincias para que vinieran a la dedicación de la estatua que el rey Nabucodonosor había levantado.

Entonces se reunieron los sátrapas, prefectos y gobernadores, los consejeros, tesoreros, jueces, magistrados y todos los gobernantes de las provincias para la dedicación de la estatua que el rey Nabucodonosor había levantado; y todos estaban de pie delante de la estatua que Na-

bucodonosor había levantado. Y el heraldo proclamó
con fuerza: Se os ordena a vosotros, pueblos, naciones
y lenguas, que en el momento en que oigáis el sonido
del cuerno, la flauta, la lira, el arpa, el salterio, la gaita y
toda clase de música, os postréis y adoréis la estatua de
oro que el rey Nabucodonosor ha levantado; pero el que
no se postre y adore, será echado inmediatamente en un
horno de fuego ardiente.

Por tanto, en el momento en que todos los pueblos oye-
ron el sonido del cuerno, la flauta, la lira, el arpa, el salterio, la gaita y toda clase de música, todos los pueblos,
naciones y lenguas se postraron y adoraron la estatua de
oro que el rey Nabucodonosor había levantado.

Sin embargo, en aquel tiempo algunos caldeos se pre-
sentaron y acusaron a los judíos. Hablaron y dijeron al
rey Nabucodonosor: ¡Oh rey, vive para siempre! Tú, oh
rey, has proclamado un decreto de que todo hombre
que oiga el sonido del cuerno, la flauta, la lira, el arpa, el
salterio, la gaita y toda clase de música, se postre y adore la estatua de oro, y el que no se postre y adore, será
echado en un horno de fuego ardiente. Pero hay algunos judíos a quienes has puesto sobre la administración
de la provincia de Babilonia, es decir, Sadrac, Mesac y
Abed-nego, y estos hombres, oh rey, no te hacen caso;
no sirven a tus dioses ni adoran la estatua de oro que
has levantado.

Entonces Nabucodonosor, enojado y furioso, dio
orden de traer a Sadrac, Mesac y Abed-nego; estos
hombres, pues, fueron conducidos ante el rey. Habló
Nabucodonosor y les dijo: ¿Es verdad Sadrac, Mesac y
Abed-nego que no servís a mis dioses ni adoráis la estatua de oro que he levantado? ¿Estáis dispuestos ahora,
para que cuando oigáis el sonido del cuerno, la flauta,

la lira, el arpa, el salterio, la gaita y toda clase de música, os postréis y adoréis la estatua que he hecho? Porque si no la adoráis, inmediatamente seréis echados en un horno de fuego ardiente; ¿y qué dios será el que os libre de mis manos?

Sadrac, Mesac y Abed-nego respondieron y dijeron al rey Nabucodonosor: No necesitamos darte una respuesta acerca de este asunto. Ciertamente nuestro Dios a quien servimos puede librarnos del horno de fuego ardiente; y de tu mano, oh rey, nos librará. Pero si no lo hace, has de saber, oh rey, que no serviremos a tus dioses ni adoraremos la estatua de oro que has levantado (Dan. 3:1-18).

Sadrac, Mesac y Abed-nego serán los protagonistas de nuestras próximas reflexiones. Estos tres hombres tuvieron que decidir qué era más valioso: ser fieles a Dios o a su propia vida. Sus actitudes, comportamiento y, ante todo, su fidelidad, nos enseñarán y alentarán para que enfrentemos y superemos cualquier circunstancia adversa que podamos estar pasando en nuestras vidas.

No sabían lo que iba a suceder

Sería muy fácil ser fiel a Dios si supieras que todo resultaría en una manifestación gloriosa sobre tu vida y que nada te pasará. Estarías dispuesto a superar todas las prisiones, traiciones y engaños que José enfrentó si desde el inicio sabes que terminarías siendo la mano derecha de faraón. No dudarías en subir al monte con tu hijo como lo hizo Abraham con Isaac, si supieras Dios va a detenerte y no permitiría la muerte de tu hijo amado. Orarías sin cesar como Daniel a pesar de las amenazas gubernamentales si de antemano sabes que cuando estuvieras en el foso de los leones ninguno te tocaría.

Sería mucho más fácil enfrentar cualquier situación difícil que venga en nuestra vida cuando sabemos el final positivo de la historia, pero la realidad es que ninguno de estos hombres sabía lo que iba a suceder con ellos.

José había aceptado que podía finalizar su vida en una prisión egipcia. Abraham se había mentalizado que podía perder a su hijo por orden de Dios. Daniel había asimilado que sus días podían estar contados y que sería devorado por fieras. Sadrac, Mesac y Abed-nego tenían claro que por mantenerse fieles podían terminar siendo consumidos por las llamas del horno ardiente. La realidad del valor de la fidelidad de estos hombres radica en que siguieron adorando a Dios con determinación y obediencia a pesar de desconocer el fin de sus historias.

Un hombre con cáncer, una mujer estéril que sueña con tener un bebé, un esposo con problemas matrimoniales, un misionero apresado por predicar en un país que prohíbe el cristianismo, es muy posible que todos ellos no dejarían de alabar ni de seguir orando al Señor si es que tuvieran la seguridad adelantada de que serán sanados, que recibirán lo que anhelan y que sus vidas no correrán peligro. Sin embargo, nuestro llamado es a ser fieles a Dios, aunque no sepamos que las cosas van a terminar bien, manteniéndonos fieles a Dios incluso sin saber cómo terminará todo.

Mantente firme, aunque el cáncer nos venza en la carne. Sigue cantando, aunque no haya cambios en nuestros seres queridos. Sigue clamando y orando a nuestro Señor, aunque no llegues a tener el privilegio de tener hijos. Sigamos siendo fieles al Dios soberano, incluso si al final solo queda ser sacrificados en una plaza pública.

No somos fieles a Dios porque hace lo que esperamos, sino que le somos fieles por quien Él es y por la preciosa salvación recibida por gracia mediante la persona y obra de Jesucristo. Esto es motivo suficiente para seguir siendo leales adoradores a nuestro buen y amado Dios, cantándole incluso cuando los días sean tan grises y no haya razones humanas para cantar, orar aunque tus ojos te quieran hacer ver o creer que Dios está lejos de ti. Sigue leyendo con confianza Su Palabra con devoción y entrega, aunque sepas que tu obediencia te puede costar la vida en esta tierra.

Ante todo, mantengámonos firmes porque, aunque pareciera que en esta tierra hemos perdido humanamente la batalla, sabemos que nuestra historia no termina aquí, sino que es solo un prefacio de lo que nos espera en la eternidad. Nuestra vida no termina porque hemos sido llamados a la eternidad gloriosa con Dios en Su reino eterno.

Sadrac, Mesac y Abed-nego sabían que Dios era poderoso para librarlos. Le dijeron al rey Nabucodonosor que, si Dios quisiera, podría librarlos del horno de fuego, pero si no los librara, eso no haría que se inclinaran frente a la estatua del rey de Babilonia. La manera más sencilla de entender este momento sería: Si Dios nos libra, seremos fieles, si a Dios le place dejarnos morir hoy, seremos igualmente fieles.

Pues si vivimos, para el Señor vivimos, y si morimos, para el Señor morimos; por tanto, ya sea que vivamos o que muramos, del Señor somos (Rom. 14:8).

Que Dios te levante con esa misma fe y convicción, que ponga en tu corazón esa misma fortaleza para serle fiel en lo bueno y en lo malo, en salud o enfermedad, en abundancia o escasez, en días soleados u oscuros, con paz en el hogar o pasando por adversidades, con trabajo o desempleado, con hijos o sin hijos, ante el nacimiento o la pérdida de un ser amado, pase lo que pase, aun sin saber cómo terminarán las cosas, sin saber el final del momento que enfrentemos, siempre seamos fieles a nuestro Dios.

Una minoría entre una multitud

Durante toda la historia de la humanidad ha sido una realidad el hecho de que nadar a favor de la corriente es mucho más cómodo y sencillo que nadar contra corriente. Si quieres vivir cómodo y tranquilo, si no quieres tener muchos problemas y pasar desapercibido, simplemente camúflate entre la multitud, vive, cree y piensa como la mayoría.

Hoy, por ejemplo, vemos un enorme grupo de adolescentes que con apenas doce o trece años ya consumen drogas, fuman tabaco, beben alcohol y, en muchos casos, ya han tenido relaciones sexuales. A pesar de no ser prudente, sano o sensato tener tales comportamientos, son hasta aplaudidos y exaltados. Sin embargo, si aparece un adolescente con valores distintos, que desea mantener limpio su organismo de tabaco o drogas, que rechaza alcohol y que decide no mantener relaciones sexuales, muchas veces se le margina, recibe burlas de sus pares y se le hace sentir como si fuera de otro planeta.

En medio de nuestro mundo contemporáneo donde el sexo sin límites, el aborto libre y sin escrúpulos, la homosexualidad y la bisexualidad se estimulan y celebran, se convierten en motivo de burla y desprecio aquellos que creen en el matrimonio y la fidelidad, son menospreciados aquellos que defienden la vida desde la concepción, y pueden perder su libertad aquellos que no están de acuerdo con el matrimonio de parejas del mismo sexo.

Incluso la iglesia contemporánea y moderna, donde la prosperidad y el éxito material es lo más codiciado por predicadores y sus seguidores, si alguien se levanta a pronunciarse contra ese tipo de mensajes y decide denunciarlo y defender la pureza del evangelio, es tachado de falto de fe.

Pero dejaré siete mil en Israel, todas las rodillas que no se han doblado ante Baal y toda boca que no lo ha besado (1 Rey. 19:18).

Podría seguir dando ejemplos, pero en pocas palabras, si piensas como la mayoría, todo te puede ir bien en este mundo, pero si decides pertenecer a una minoría que ha decidido ser honesta y fiel a Dios, es muy posible que tu vida se llene de críticas, desprecios y muchos momentos tensos e incómodos.

Sadrac, Mesac y Abed-nego son un caso evidente de lo que es nadar contra corriente. A pesar de las amenazas y que toda la población, incluso de sus compatriotas, se habían inclinado ante la estatua del rey de Babilonia, ellos decidieron no sucumbir ante la mayoría y mantenerse fieles a pesar de las consecuencias.

La historia bíblica nos demuestra que la humanidad siempre ha sido igual. El remanente que ha permanecido fiel a Dios siempre ha sido un pequeñísimo grupo en medio de una gran multitud. Una vez leí una frase de un famoso predicador que decía: «Si decides caminar fielmente con Jesús, tendrás al mundo en tu contra, e incluso a una gran parte de los hoy llamados evangélicos». Fue chocante leerlo al inicio de mi caminar con Cristo porque en ese tiempo creía que todos los evangélicos eran mis hermanos, y que todos pensábamos y creíamos exactamente lo mismo. Hoy, varios años después, actúo con más prudencia. No llamo hermano a cualquier persona simplemente porque frecuenta una iglesia, y no me dirijo a cualquiera por su título de pastor o líder religioso simplemente porque predica desde un púlpito.

La fidelidad a Dios, Su Palabra, al verdadero evangelio y la práctica de la fe bíblica siempre fue escasa y hoy es aun más reducida. Cada vez son más los que se inclinan ante las estatuas modernas que este mundo ofrece, cada vez son más los que se arrodillan ante las estatuas del afán por el dinero, la vanagloria, la vanidad, la lujuria, la carnalidad y la codicia. Son muy pocos los que se mantienen firmes y fieles y solo se postran ante el Rey de reyes y Señor de señores.

La verdadera fidelidad del creyente debe mantenerse sin importar que sea parte de una minoría y no de un gran colectivo popular y celebrado por todos. Te animo a que nunca se te pase por la mente ser de una forma porque los demás son así. Ni siquiera llegues a decir que serás de una forma particular porque la mayoría de los cristianos son así. Busca conocer bien a Dios en Su Palabra, conocer lo que le agrada, lo que desea de ti, cómo desea que camines, lo que le desagrada e incluso le provoca ira. Finalmente, mantente firme.

- Si la mayoría no ora, pero la Biblia te exhorta a orar sin cesar (1 Tes. 5:17), ora.
- Si la mayoría no sirve al prójimo, pero la Biblia te exhorta a hacerlo (Luc. 10:25-37), sírvelo.
- Si la mayoría solo quiere mandar, pero la Biblia te exhorta a servir y amar (Mat. 23:11), hazlo.
- Si la mayoría quiere recibir, pero la Biblia dice que es mejor dar (Hech. 20:35), entrega.
- Si la mayoría quiere sexo fuera del matrimonio, pero la Biblia te llama a mantenerte puro hasta entonces (1 Tes. 4:3-5; 1 Ped. 4:1-3), mantente puro.

- Si la mayoría se quiere vestir de forma inmoral o provocativa, pero la Biblia te llama al pudor y la modestia (1 Tim. 2:9-10; 1 Ped. 3:3-4), vístete para la gloria de Dios.

- Si la mayoría no quiere compartir su fe, pero la Biblia te llama a compartir el evangelio (Mat. 28:16-20; Rom. 1:16-17), hazlo.

PRESIONADOS Y BAJO AMENAZAS

Hoy y siempre ha sido difícil encontrar verdaderos creyentes que marquen la diferencia, que realmente sean la luz del mundo y la sal de la tierra tal y como enseñó nuestro Señor Jesucristo. Ir contra corriente, mantenerse firme en los valores y principios bíblicos sin titubear cuando te están presionando para hacer lo contrario requiere de mucha fortaleza.

Sadrac, Mesac y Abed-nego, junto con todos los habitantes, habían recibido una orden de cumplimiento absoluto. Todos debían postrarse frente a la estatua del rey al sonar la música. Sin embargo, no se inclinaron como todos los demás. El rey ni bien se enteró los mandó llamar y mostrándoles el inmenso calor de las llamas del horno, les dijo que si no se inclinaban los tirarían dentro del horno y serían quemados vivos. Aun así, ellos no se postraron ni se doblegaron ante la presión recibida. El rey les ofrece una última oportunidad, pero los tres se mantienen firmes y deciden no inclinarse ante la estatua.

Existen dos maneras de ver esta historia: por un lado, algunos verán esto como oportunidades perdidas para salvar sus vidas; sin embargo, para ellos eran oportunidades para traicionar y negar a su Dios. El mundo, el pecado y Satanás te presionan sin descanso para que niegues a Dios tarde o temprano.

Esta presión se manifiesta cuando tu jefe te insinúa que si no participas de algunas festividades de la empresa, las cuales por su contenido no te convienen o no son apropiadas, estarás ocasionando malestar en el grupo y tu puesto de trabajo podría peligrar. Quizás se trate del amigo, quien con ligeras burlas o comentarios te da a entender que si no sigues la corriente pronto no tendrás amigos. Hasta tu propia familia puede presionarte para que dejes tu iglesia o sus actividades porque a ellos les parece que estás muy «religioso».

Existen momentos en los cuales la sociedad e incluso los que amamos nos ponen contra la pared y parecen gritarnos: «O Dios o nosotros; como nosotros o te quedas solo». Sé que es duro, doloroso, incómodo y amargo pasar por situaciones que ninguno quisiera experimentar, pero que suceden por causa de nuestra fe.

Pues en esos momentos, cuando te sientas contra la pared o amenazado de tener que escoger entre Dios o cualquier otra cosa o persona, responde con firmeza y seguridad en el corazón: «Prefiero estar solo con Dios, que sin Dios y acompañado por una multitud». Sé fiel, soporta la presión, soporta el desprecio, soporta las burlas, soporta las críticas, soporta el que te marginen o te desplacen, resiste y mantente firme por Cristo tu Salvador, aquel que murió y lo dio todo por ti, aquel que fue despreciado por todos por amor a ti y a mí. ¡Sigue siendo fiel!

FIELES HASTA EL FINAL

Sadrac, Mesac y Abed-nego se mantuvieron firmes, no por unas pocas horas, sino que se mantuvieron firmes hasta el final. No es suficiente con ser fieles por momentos. Imagínate que estás celebrando tu matrimonio frente a amigos y familiares, y cuando llega la hora del pronunciamiento de los votos, tu futuro cónyuge te dice: «Prometo serte fiel casi todos los días de mi vida». ¿Casi? Estoy seguro de que ninguno de nosotros querría seguir adelante con un matrimonio donde la otra persona garantiza una fidelidad parcial. En el mismo sentido, tú no podrías contratar a un empleado que promete puntualidad, integridad y esfuerzo solo de vez en cuando. Ninguna persona en su sano juicio contrataría a ese empleado.

¿Has decidido seguir a Jesús y serle casi siempre fiel? ¿Has decidido seguir a Jesús y orar casi siempre que puedas? ¿Has decidido seguir a Jesús y amar a Dios casi con todas tus fuerzas? ¿Has decidido seguir a Jesús y casi amar a tu prójimo?

Sé que somos falibles, frágiles, débiles y que seguimos siendo pecadores tratados por la gracia de Dios. Nada garantiza por completo que todo en tu trabajo será excelente, que nunca fallarás en tu matrimonio, o que siempre actuarás correctamente y conforme a los principios bíblicos en cada instante de tu vida. Pero francamente, ese debería ser nuestro deseo y anhelo diario.

Existen dos tipos de personas. Por un lado, están aquellos que se excusan en la falibilidad y debilidad humana para llevar una vida mediocre, que no se esfuerza y traiciona los valores de Dios de forma constante y regular. Para mí se trata de una persona que realmente no ha nacido de nuevo, pues la Biblia dice que «el que practica el pecado es del diablo» (1 Jn. 3:8). Por otro lado, están los que cada día despiertan, se miran al espejo y reconociendo su debilidad por su naturaleza humana caída, se encomiendan a Dios y al poder de Su gracia, lo buscan con todas sus fuerzas y deciden luchar contra su carne y contra el mundo para mantenerse firmes y leales a su Señor ese día.

Ambos, sin duda, fallarán. Sin embargo, un grupo se esforzará por fallar con menos regularidad, sufrirá cada vez que lo haga, y se levantará con el único deseo de seguir siendo perfeccionado a la imagen de Cristo. Ellos entienden que no se trata de esforzarse solo un poco, tampoco de sucumbir a la más leve presión a nuestra naturaleza, sino que se trata de reconocer que ya no somos esclavos del pecado, que Cristo y Su obra redentora nos ha hecho verdaderamente libres, que el Espíritu Santo con todo Su poder mora en nosotros y que ahora tenemos una meta: ser perfectos «como vuestro Padre que está en los cielos es perfecto» (Mat. 5:48, RVR1960).

Sé fiel a Dios hasta el final,
sé fiel a tu Señor y Salvador hasta el último aliento
y el último latir de tu corazón
en esta tierra.

2

UNA FIDELIDAD A TODA PRUEBA

La vida de José

Sucedió después de estas cosas que la mujer de su amo miró a José con deseo y le dijo: Acuéstate conmigo. Pero él rehusó y dijo a la mujer de su amo: Estando yo aquí, mi amo no se preocupa de nada en la casa, y ha puesto en mi mano todo lo que posee. No hay nadie más grande que yo en esta casa, y nada me ha rehusado excepto a ti, pues tú eres su mujer. ¿Cómo entonces iba yo a hacer esta gran maldad y pecar contra Dios? Y ella insistía a José día tras día, pero él no accedió a acostarse con ella o a estar con ella.

Pero sucedió un día que él entró en casa para hacer su trabajo, y no había ninguno de los hombres de la casa allí dentro; entonces ella lo asió de la ropa, diciendo: ¡Acuéstate conmigo! Mas él le dejó su ropa en la mano, y salió huyendo afuera. Y cuando ella vio que él había dejado su ropa en sus manos y había huido afuera, llamó a los hombres de su casa y les dijo: Mirad, nos ha traído un hebreo para que se burle de nosotros; vino a mí para acostarse conmigo, pero yo grité a gran voz. Y sucedió que cuando él oyó que yo alzaba la voz y gritaba, dejó su ropa junto a mí y salió huyendo afuera. Y ella dejó junto a sí la ropa de él hasta que su señor vino a casa.

Entonces ella le habló con estas palabras, diciendo: Vino a mí el esclavo hebreo que nos trajiste, para burlarse de mí; y cuando levanté la voz y grité, él dejó su ropa junto a mí y huyó afuera. Y aconteció que cuando su señor escuchó las palabras que su mujer le habló, diciendo: Esto es lo que tu esclavo me hizo, se encendió su ira. Entonces el amo de José lo tomó y lo echó en la cárcel, en el lugar donde se encerraba a los presos del rey; y allí permaneció en la cárcel (Gén. 39:7-20).

José, el hijo de Jacob, es uno de los mayores ejemplos bíblicos de fidelidad a Dios. Él es más conocido como José de Egipto y todavía más recordado por sus sueños, como también por la interpretación que Dios le dio de los sueños del faraón. Pero su historia es mayor que la de un intérprete de sueños. Es una historia de fidelidad, perseverancia, fe y amor a Dios. Pero no es simplemente la historia de un gran hombre, sino que es un claro ejemplo de la manifestación de la soberanía de Dios y de cómo el Señor tiene el control de nuestros días por encima de cualquier circunstancia que atravesemos.

LA EDAD NO JUSTIFICA LA INFIDELIDAD

He escuchado muchas veces decir que cuando los jóvenes pecan, se apartan de la rectitud que Dios demanda o dejan de lado su relación con Dios y su pueblo, muchas personas los justifican diciendo: «Hay que entenderlos. Son jóvenes. Es lo normal a su edad».

Resulta muy preocupante que madres y padres, incluso pastores, señalen como algo «normal» que un joven o una jovencita se «desvíe» de los caminos del Señor y vaya a probar las cosas pecaminosas que este mundo ofrece. Yo tengo que responder a ese tipo de normalidad. No es normal, ni es lógico, tampoco es coherente con la enseñanza Palabra y menos aún es aceptable que los jóvenes perciban como normal el poder salir a probar durante un tiempo los deleites del pecado y los placeres carnales de este mundo. No lo debería ser para jóvenes nacidos de nuevo y que realmente han sido transformados por el poder del Espíritu Santo.

Nuestra fidelidad a Dios, nuestra vida de santidad y nuestro caminar como cristianos no está determinado por la edad que tengamos. La Biblia nos presenta varios casos de hombres y mujeres que siendo aun jóvenes pasaron grandes peligros y problemas y por situaciones que incluso los llevaron al borde de la muerte. Sin embargo, lo que estaba en juego era su fidelidad y amor por Dios, y por ello no dieron el brazo a torcer, hasta el punto de que a algunos les costó la propia vida.

El caso del joven José es de fidelidad, una vida probada desde muy temprano con luchas y dificultades. Tras los sueños que José tuvo de parte de Dios empezó un proceso complicado en su día a día, incluso con su propia familia (Gén 37). Esto aumentó la envidia de sus hermanos hasta el punto de planear su muerte. Finalmente, fue vendido como esclavo por sus mismos hermanos. Sus captores lo vendieron a un hombre prominente egipcio, Potifar, el cual, por la gracia de Dios, lo puso como mayordomo sobre todo lo que poseía.

Podríamos decir que ya la traición de los hermanos, el rechazo de los de su propia casa y las dificultades deberían considerarse como un motivo suficiente para que el joven José negara a Dios y se rebelara contra todo; sin embargo, se mantuvo fiel y firme en todo momento.

En una ocasión, José se vio encarado por la esposa de su jefe, o más bien su amo, Potifar. Esta mujer no llegó para ordenarle que realizara algunos asuntos de su esposo, sino que le pidió tener relaciones sexuales con ella. José tenía todo a su favor para inventarse mil excusas como las que se inventan tantos jóvenes de hoy: soy joven, estoy en la edad de probar cosas nuevas, nadie me está viendo, nadie se va a enterar de lo que suceda en este lugar, hasta hoy parece que Dios me ha abandonado por todo lo que me ha sucedido, es la esposa de mi amo y tengo que obedecer, etc. Él hubiera podido usar cualquiera de esos argumentos para sucumbir ante el pedido. Incluso hubiera podido encontrar y hasta escuchar lo que muchos podrían decir hoy: «Hay que entenderlo, es solo un chico joven que necesita aprender de sus propios errores». ¡Pero no! José se mantuvo firme, se mantuvo íntegro, se mantuvo fiel a Dios.

Existe algo que vale más que nuestra edad, que es más poderoso que nuestras tentaciones o nuestro desarrollo hormonal, algo mucho más fuerte que cualquier presión social o cultural a la que podamos enfrentarnos cada día, y eso es el amor que tenemos por Dios. La Biblia no dice: «Los adultos amen a Dios con todas sus fuerzas, con toda su mente y con toda su alma, y que los jóvenes lo amen tanto como puedan».

La Biblia no dice: «Seguid la paz y la santidad sin la cual nadie verá al Señor, a excepción de los jóvenes, que entendemos que no podrán hacerlo». La Biblia no dice: «Orad sin cesar, menos los jóvenes, que es normal que dediquen horas y horas al entretenimiento y la tecnología y dejen la oración para cuando sean mayores». La Biblia no dice: «Id y predicad el evangelio a toda criatura, menos los jóvenes, que deben dedicarse a jugar y divertirse a todas horas».

No. Los mandamientos del Señor no son exclusivos para los adultos, las ordenanzas bíblicas no están segmentadas por franjas de edad. La Palabra de Dios es para el adulto y para el joven, para el hombre y para la mujer. Para todos.

Los jóvenes se mantuvieron firmes al llamado de Dios y fieles a su Creador a pesar de las dificultades en toda la historia bíblica. Veamos algunos ejemplos:

- María era una jovencita que sabía que aceptar dar a luz en la tierra al hijo de Dios podía costarle la vida, y aceptó el llamado.

- Sadrac, Mesac y Abed-Nego se mantuvieron firmes frente a la estatua del rey Nabucodonosor incluso sabiendo que su desobediencia les costaría ser echados en el horno de fuego ardiente.

- Esteban, el primer mártir del cristianismo, no era de edad avanzada cuando predicó el evangelio con coraje y lleno del Espíritu de Dios en frente de sus enemigos.

Los jóvenes del mundo viven mintiendo, cogiendo atajos y haciendo trampas para seguir sus impulsos, haciéndose esclavos de sus propios deseos y de todo lo que el mundo les grita que deben hacer. Ellos se jactan de su rebeldía, que son libres porque están haciendo lo que quieren, pero sabemos que no es cierto. En realidad, son esclavos y si Cristo no los hace verdaderamente libres, tan solo son marionetas de la sociedad, la cultura, el pecado y Satanás.

Por el contrario, un joven regenerado, que ha nacido de nuevo, que puede afirmar que es una nueva criatura en Cristo Jesús, ya no vive según la carne, sino según el Espíritu. Ya no es un esclavo de la cultura, el pecado o las tinieblas, sino un siervo de Cristo. ¿Cómo es posible que pueda vencer? No lo hace en sus propias fuerzas, sino por la gracia de Dios y, de la mano del Señor, puede resistir firme el pecado y los deseos engañosos de la carne. Fortalecido por el Señor, puede nadar contracorriente contra las aguas de la cultura y de su generación, y ser luz en medio de las tinieblas que lo rodean. Un joven de Dios puede vivir una vida para Su gloria, que en lugar de decir: «Deben comprenderme, soy joven», ahora dice: «Soy un hijo de Dios y no cambio mi fidelidad a Dios por ningún deleite pasajero de esta tierra».

No permitas que nadie menosprecie tu juventud; antes, sé ejemplo de los creyentes en palabra, conducta, amor, fe y pureza (1 Tim. 4:12).

Pablo se dirige a su discípulo Timoteo y le dice que nadie debería menospreciar a un siervo de Dios por su edad, por ser joven, pero, para evitar cualquier menosprecio, es necesario que se mantenga firme, siendo ejemplo en cinco aspectos principales de la vida de todo creyente: palabra, conducta, amor, fe y pureza.

Me casé con mi esposa Clicia al día siguiente de cumplir los 22 años, y fundamos el Ministerio Caminando Por Fe con solo 23 años. Para muchos era una locura hacer estas cosas tan jóvenes y así desperdiciar la juventud, renunciar a pasarla bien, a viajar mucho, a salir y hacer lo que me venga en gana. Algunos pensaron que serían muchas responsabilidades sobre los hombros de un muchacho. Cubrir las necesidades de mi familia y al mismo tiempo preparar sermones, estudios bíblicos, organizar reuniones de oración y visitar a los hermanos. Todo eso acompañado por ocho a nueve horas diarias de trabajo como técnico de comercio internacional. Sentía que algunos me miraban con pena, sin saber por qué me había metido en este supuesto lío y dudando si es que llegaría al final. Incluso mi propia familia me daba la impresión de que esperaba que desistiera como había hecho con tantas otras cosas en el pasado. Las cosas en la iglesia no fueron muy diferentes. Me encontré con personas que me miraban como a un jovencito sin ningún tipo de autoridad para hacer la obra de Dios, y en más de una ocasión escuché la expresión: «Pero si yo pudiera ser tu madre».

Reconozco que pasé momentos amargos junto a mi esposa, muchas lágrimas fueron derramadas y confieso que llegué a pensar en desistir. Sin embargo, me aferré a dos cosas que hasta el día de hoy me sostienen en el ministerio pastoral, como esposo y en cualquier área de mi vida. En primer lugar, reconocer que mi fortaleza para vencer cualquier circunstancia no estaba en mi brazo, en mis capacidades o en mi intelecto, sino que mi fuerza estaba en Dios, el Todopoderoso, y que Él nunca se debilita. En segundo lugar, recordar esas palabras de Pablo a Timoteo y llamarme la atención cada día a mí mismo en mis oraciones: «…sé ejemplo […] en palabra, conducta, amor, espíritu, fe y pureza» (1 Tim. 4:12).

La edad no es un impedimento para ser fiel en nuestros días si estamos con Dios, y en el poder de Su fuerza vencer los obstáculos y mantenernos firmes a pesar de la juventud y la presión social.

Vivir una vida constante de oración provee esa fuerza para perseverar a pesar de las luchas, las tentaciones, las pruebas, las críticas o cualquier otra cosa. Solo cuando pasamos horas y horas hablando con Él es que encontraremos refrigerio, fuerzas, paz, consuelo, alivio, descanso y todo lo que necesitamos para seguir adelante en nuestra vida cristiana.

Les dejo esta frase para que se la graben en el corazón:

Tu fidelidad a Dios no depende de tu edad, sino del tiempo que pasas con Él a solas en oración.

La oración ha sido vista como un medio para alcanzar cosas, para presentar pedidos, y se ha perdido de vista una de las principales ventajas de la oración, la de ser un lugar de refugio para una plena comunión con Dios. Cuando estamos en oración conseguimos levantarnos con gozo tras un día lleno de tristeza, nos alzamos con nuevas fuerzas tras largas horas de debilidad y conseguimos encontrar confianza tras un día que podría habernos robado la esperanza.

LA FIDELIDAD VA MÁS ALLÁ DE LA MIRADA DEL SER HUMANO

La vida de José nos presenta otro aspecto importante de la fidelidad: ser fieles incluso cuando nadie más nos ve. Hay dos aspectos de la vida que parecen similares, pero son distintos. Por un lado, tenemos a la reputación que se entiende como la imagen que los demás tienen de nosotros. Es la idea que otros tienen sobre quiénes somos. Mucha de nuestra reputación se observa a través de lo que posteamos en las redes sociales. Sin embargo, lo que mostramos en las redes sociales es tan solo la imagen que queremos que los demás tengan de nosotros. Por lo tanto, la reputación puede ser tan solo una falsa imagen de la realidad. Podemos mostrar al mundo que somos de una manera y ser algo totalmente distinto.

Existen muchas personas famosas que muestran sus preciosas sonrisas y vidas lujosas pero que viven con una profunda angustia y depresión. Existen muchas familias mostrando en las redes sociales fotos de sus viajes y escenas románticas, cuando la realidad es que en su hogar apenas se comunican. Hay niños y niñas que en las redes sociales se muestran rebeldes y llenos de odio contra la sociedad, cuando en el fondo tan solo anhelan encajar y ser amados. Existen cristianos que llenan sus redes sociales de contenido bíblico, pero su vida diaria esconde una vida sumergida en el más cenagoso pantano del pecado. Hay pastores y líderes religiosos que muestran piedad y cercanía con Dios cuando el único anhelo de su corazón es la fama y el éxito personal.

La lista podría ser muy larga, pero no puedo dejar de aclarar que también hay muchos que son la versión original de lo que muestran, pero la realidad que acabamos de describir existe y es más común de lo que pensamos. Esto se debe a que para muchos la reputación, esa idea que el resto tiene de mí es demasiado importante, a pesar de que no exprese mi propia realidad.

Por otro lado, tenemos la integridad, entendida como el principio, valor o fundamento que hace que seamos quienes decimos ser, incluso fuera del alcance de la vista de los demás. La persona íntegra no necesita tener testigos para guardarse de hacer lo que no es correcto, guarda su buen testimonio a pesar de que ni los ojos de sus personas más allegadas lo estén observando. Una persona íntegra es aquella que, si pudiese hacer el mal, aun sabiendo que nunca absolutamente nadie se enteraría de ello, decide hacer el bien.

Tal es el caso de José. El modelo de una persona íntegra. Se encontraba solo junto con la mujer de Potifar, es posible que nadie se enterara de lo que iba a suceder, con seguridad sabía que, si mantenía relaciones sexuales con la esposa de su amo, ella no diría nada sabiendo que de contarlo ella sería probablemente penada con la muerte. Es decir, nos encontramos ante un joven, con la posibilidad de pecar, de dar rienda suelta a sus pasiones, de satisfacer a su carne, con la certeza de que nada ni nadie sabría lo que había sucedido en ese lugar a excepción de su propia persona, la esposa de Potifar y Dios. Sin embargo, José no tuvo temor de ser encontrado por los hombres, sino de traicionar a su verdadero Señor, no Potifar, sino a su Dios.

Nuestra fidelidad a Dios no puede estar sujeta a cuántas personas nos miran. Esa quizás sea una de las principales diferencias entre el hombre o la mujer que realmente ha nacido de nuevo y el religioso que solo vive bajo una falsa apariencia de piedad. El falso creyente puede haberse ganado una reputación de persona piadosa, pero es solo un hipócrita que no vive de acuerdo con los principios que dice creer.

El creyente nacido de nuevo por el Espíritu Santo es la misma persona en la iglesia, con su familia, con sus compañeros de trabajo y cuando se encuentra en la intimidad. No necesita que nadie lo esté vigilando para no pecar, sino que su amor por Dios está sobre todas las cosas y su entrega a Él es tan completa que, aunque nadie lo observe, desea mantenerse firme y lucha contra todo aquello que deshonre a su Señor. No somos fieles porque nos vigilan, sino por el grado de amor y temor que tenemos por Dios.

Muchos viven decepcionados del cristianismo y no pondrían un pie en una iglesia porque conocen a algunos que llamándose creyentes tienen una doble moral, hipócritas que son distintos en la congregación a lo que son en otros lugares. Cuánto daño provocan con su mal testimonio, distorsionando con sus vidas el concepto real de la iglesia de Cristo y de Su pueblo.

Seamos fieles a Dios de corazón, en presencia o en ausencia de testigos, sabiendo y recordando que, aunque mire a izquierda o derecha, delante o detrás, y no haya nadie en ninguna dirección, siempre tendré los ojos del Señor mirándome con atención porque están sobre todo y sobre todos.

LA FIDELIDAD NO DEPENDE DE LOS BUENOS RESULTADOS

La vida de José también nos enseña que debemos ser fieles a pesar de que los resultados de nuestra fidelidad no serán siempre agradables. José ha sido fiel a Dios, se ha mantenido íntegro, y ¿cuál es el resultado? La prisión.

Cuando la fidelidad que mostramos a Dios está cimentada en el amor que tenemos por Él, no está sujeta a las circunstancias que vivimos o a nuestro propio bienestar. Esa fidelidad será total incluso cuando los resultados nos parezcan desfavorables. No somos llamados a ser fieles al Señor cuando las cosas salen bien, o cuando nos sentimos cómodos y bendecidos con los resultados que observamos, sino que somos llamados a ser fieles incluso cuando podría costarnos nuestra propia vida.

Al inicio hablamos de que el Señor le mostró algo maravilloso en sueños a José y tras estos sueños, llegó la envidia de sus hermanos, la traición, la venta como un esclavo cualquiera, el alejamiento de su padre y de sus seres queridos. Humanamente hablando, si la fe de José fuera débil,

si su fe no hubiera sido firme, podría haber encontrado
suficientes excusas para renegar su fe y abandonar la obediencia a Dios.

Muchos son los que cuando las cosas se tuercen ya no
buscan a Dios con el mismo ánimo y deseo. Desde siempre
había personas, más bien multitudes, que seguían y acla-
maban a Jesús en medio de multiplicaciones de alimentos,
sanidades, milagros y prodigios, pero muy pocos siguieron
firmes cuando solo restaban las palabras de vida eterna.

José mostró el mismo sentir que el profeta Habacuc
cuando dijo:

> Aunque la higuera no eche brotes, ni haya fruto en las
> viñas;
> aunque falte el producto del olivo, y los campos no pro-
> duzcan alimento;
> aunque falten las ovejas del aprisco, y no haya vacas en
> los establos,
> con todo yo me alegraré en el SEÑOR,
> me regocijaré en el Dios de mi salvación
> (Hab. 3:17-18).

Siempre han sido pocos los que se mantienen firmes en
la escasez, en la dificultad, en la enfermedad. Muchos son
los que renuncian a ser fieles y por eso no saborean la gracia
de Dios en medio de los campos amargos de la dificultad,
pocos son los que contemplan su inmenso amor en medio
del lecho doloroso de una habitación de hospital, y pocos
son los que ven su misericordia ante las trágicas pérdidas
de seres queridos.

Hemos visto cómo la fidelidad a Dios no depende de la
edad que tengamos, no depende de si hay testigos de nuestro comportamiento, ni tampoco si ser fieles va a traernos

un buen resultado en esta tierra o incluso si podría llevarnos a la muerte. Concluimos en que la verdadera fidelidad es independiente a cualquier hecho o acontecimiento, edad o argumento. Finalmente, la fidelidad a Dios radica en un profundo amor por Dios que está por encima de absolutamente todas las demás cosas, incluso por encima de nuestra propia vida.

Él sigue siendo el mismo, no ha cambiado.
Cuando hay comida es Dios, y cuando hay más escasez
sigue siendo Dios.
Cuando estamos sanos es Dios, y cuando nos visita la
enfermedad sigue siendo Dios.
Cuando nace un niño es Dios, y cuando muere un niño
sigue siendo Dios.
Y sigue siendo amor, bondad, misericordia y pura gracia.

3

FIELES A DIOS EN NUESTROS HOGARES

EL LLAMADO DE LOS ESPOSOS, ESPOSAS, PADRES E HIJOS

En todo caso, cada uno de vosotros ame también a su mujer como a sí mismo, y que la mujer respete a su marido (Ef. 5:22-33).

Hijos, obedeced a vuestros padres en el Señor, porque esto es justo. Honra a tu padre y a tu madre (que es el primer mandamiento con promesa), para que te vaya bien, y para que tengas larga vida sobre la tierra. Y vosotros, padres, no provoquéis a ira a vuestros hijos, sino criadlos en la disciplina e instrucción del Señor (Ef. 6:1-4).

Nuestros hogares y nuestras familias están siendo atacadas por el enemigo de nuestras almas con enorme ferocidad. Las oficinas pastorales y de consejería enfrentan una gran demanda de consultas en temas familiares. Podría decir que los temas familiares, especialmente conyugales, ocupan entre un setenta y un ochenta por ciento de las consultas.

La fidelidad, la comunión y el amor en el hogar suele ser el reflejo práctico del verdadero cristiano. La casa, al estar lejos de los ojos de todos los demás, hace que nos quitemos nuestras máscaras y nos mostremos como somos en realidad. Lo que voy a contar es lamentable, pero hay personas que en sus trabajos o en la iglesia hablan con voz suave, pero que en sus casas viven a gritos; mujeres muy dóciles en presencia de los demás, pero autoritarias y muy obstinadas en la intimidad; hombres cercanos con sus amigos, pero distantes y agresivos con sus esposas; padres muy serviciales en la iglesia, pero que no les dedican tiempo a sus hijos; hijos que en presencia de los demás tratan con educación a sus padres, pero que son desobedientes, mentirosos y maleducados en sus casas.

Todos estos ejemplos muestran una profunda hipocresía que deshonra a nuestro Dios y causa un inmenso dolor. Esto no puede seguir así y debe terminar. Si existe un lugar donde debemos mostrar nuestro testimonio de la obra de Cristo en nosotros, encontrarnos seguros y que los nuestros se sientan seguros y deseosos de llegar es nuestra casa, nuestro hogar, con nuestra familia.

Esposos fieles a Dios

Hablamos primero de los esposos porque sobre ellos recaen las mayores quejas y sobre sus hombros se encuentra el privilegio de una mayor responsabilidad sobre el bienestar de su familia. El verdadero hombre, el hombre conforme al corazón de Dios, el hombre conformado a la Sagrada Escritura, el hermano, padre, esposo, hijo, siervo, jefe, ciudadano que camina y vive conforme a la Palabra de Dios está en peligro de extinción.

En nuestras congregaciones tenemos que acompañar a muchas mujeres que sufren la ausencia espiritual, afectiva, moral y económica de sus esposos. Se quejan de la poca preocupación por la vida de sus hijos y por la pobreza espiritual y el poco conocimiento bíblico que ni siquiera intentan mejorar. Hombres que creen que, porque trabajan muchas horas y cubren los gastos, eso les da derecho para dejar todo lo demás de lado.

Es posible que en tu cultura o sociedad hayas aprendido algo como esto: el hombre debe trabajar todo el día para pagar las cuentas, no está obligado a hacer nada más por la familia y debe ser obedecido en todo. Eso es completamente falso, es antibíblico y diabólico. Es cierto que debemos trabajar duro para satisfacer las necesidades materiales de nuestro hogar, aunque en muchos contextos y debido a las dificultades existentes se ha vuelto responsabilidad del hombre y de la mujer ya que ambos trabajan por necesidades obvias. Debemos mantener el deseo y reconocer como nuestro deber el ser los principales proveedores de nuestras familias. Sin embargo, eso es lo mínimo a lo que Dios nos ha llamado.

Analizaremos a continuación algunas obligaciones de todo hombre. Te invito a que te evalúes a través de ellas y, si es necesario, arrepiéntete y volvamos a comprometernos con fuerza y cumplir todos nuestros deberes para ser fieles a Dios en nuestros hogares.

1. <u>Vida espiritual</u>: Tenemos la responsabilidad de cuidar de la vida espiritual y devocional de nuestra familia. Una vez escuché una frase que me impac-

tó: «No todos los hombres pastorean congregaciones, pero si están casados y tienen hijos, todos los hombres son pastores de su familia».

El principal pastor de tu familia es Cristo y, en segundo lugar, debes ser tú. Es tu responsabilidad orar fervientemente por tu familia, pero también llevar diariamente a orar a tu esposa e hijos. Debes procurar crecer en tu conocimiento de la Palabra de Dios y también promover la lectura devocional de la Palabra de Dios con tu familia. Te corresponde ser diligente en escoger una congregación fiel que contribuya en tu desarrollo espiritual y el de tu familia. Debes estar atento a las necesidades espirituales de tu esposa y tus hijos, buscando tiempo con cada uno de ellos para aconsejarlos y guiarlos espiritualmente. Ese es tu deber y, para ello, primeramente, debes estar firme en oración y conocimiento, fortaleciéndote y creciendo para cumplir esa función principal en tu hogar.

2. Vida emocional: Tenemos que procurar tener una vida emocional saludable y cuidar del estado emocional de nuestra esposa y nuestros hijos. Pedro recomienda que los «maridos [...] convivan de manera comprensiva *con sus mujeres*, como con un vaso más frágil» (1 Ped. 3:7). Nuestros hijos no suelen ser muy expresivos, pero sufren, tienen miedos, frustraciones, complejos, y tantas otras cosas que invaden su mente y su corazón. Muchas veces no encuentran un amigo lo suficientemente maduro a quién contarle lo que sienten. Ellos necesitan de nuestro consejo y apoyo emocional. Debemos generar el hábito de preguntar a diario: «¿Cómo estuvo tu día? ¿Te sientes bien? ¿Eres feliz? ¿Hay algo que te preocupa? ¿Puedo ayudarte en algo? ¿Quieres hablar de algo que te inquieta?». A veces tememos hacerles esas preguntas a nuestras espo-

sas porque las respuestas ¡pueden tomar horas! No me lo tomen a mal, solo pretendía incluir una gota de humor, aunque sabemos que a nuestras esposas les gusta conversar. No tengan la menor duda de que la atención emocional de nuestra esposa e hijos producirá bienestar general de nuestro hogar. Tiempo invertido en el corazón de los nuestros, es una inversión fructífera segura.

3. <u>Vida material</u>: Fuimos creados para ser los principales proveedores de nuestros hogares. Tradicionalmente era la función principal del hombre el trabajar fuera de casa, mientras que la esposa se encargaba de las labores del hogar. Sin embargo, en los últimos años, hemos experimentado grandes cambios en este aspecto. Las razones son diversas, puede deberse al egoísmo del corazón, aunque también es producto de la necesidad.

Permítanme darles unos ejemplos. Por un lado, el movimiento feminista ha cobrado más fuerza que nunca en nuestros días. Esto ha hecho que muchas mujeres piensen que ocuparse de las labores del hogar las hace inferiores o menos valoradas que los hombres. Muchas mujeres prefieren contratar otras personas (en su mayoría mujeres) para hacer tareas de su hogar y así desarrollarse como profesionales, llegando a dejar de lado su hogar.

Por otro lado, el afán por mejores niveles de vida, mejores coches, casas, ropa, salir más a restaurantes, viajar más, es decir, consumir más, lleva a que muchas mujeres se sumen al mundo laboral para tener más ingresos y, entre ambos, satisfacer sus deseos y gustos materiales. También es cierto que la pereza y falta de iniciativa de muchos ha obligado a muchas mujeres a tener que trabajar para cubrir las necesidades del hogar. No podemos negar que a veces los salarios bajos obligan a que ambos cónyuges tengan que trabajar y proveer recursos para pagar alquiler, hipotecas, servicios energéticos, transporte, comida mensual, servicios médicos, material escolar y otras necesidades básicas. Esto obliga a muchas mujeres a tener que dedicar, como mínimo, media jornada laboral para colaborar en la economía del hogar.

Los esposos debemos esforzarnos para que nuestras esposas puedan dedicar más tiempo al hogar. No quisiera sonar machista y por eso quisiera aclarar que no estoy diciendo que una mujer debe rechazar el deseo de prepararse, estudiar, sino que no pierda de vista las cosas esenciales. Es triste ver mujeres agotadas que pasan ocho o nueve horas diarias trabajando, requieren de dos horas más para llegar y volver de sus empleos, y a todo eso deben sumarle las labores del hogar, la atención de los hijos y de su esposo. Los esposos debemos estar atentos a la salud emocional, espiritual y física de nuestras esposas, buscando su completo bienestar. Recordemos las palabras del apóstol Pablo:

> Así también deben amar los maridos a sus mujeres, como a sus propios cuerpos. El que ama a su mujer, a sí mismo se ama. Porque nadie aborreció jamás su propio cuerpo, sino que lo sustenta y lo cuida, así como también Cristo a la iglesia (Ef. 5:28-29).

Nos hemos adaptado a los tiempos porque la cultura nos ha gritado que somos machistas y retrógrados, presionándonos para que eliminemos el modelo de Dios para nuestros hogares. Esto ha creado una enorme confusión en cuanto a los roles y las responsabilidades de cada uno de los cónyuges, produciendo solo dolor, fragmentación y profunda insatisfacción familiar. Dios es perfecto y también lo es Su modelo para la familia. Respetarlo no es ser machista, es confiar que es la mejor opción para nuestras familias, ya que la idea no es humana, sino de la propia mente y sabiduría de Dios.

Es interesante que el mandato de Dios sea a amar a nuestras esposas. Los que nos consideran machistas o retrógrados piensan que la Biblia nos ordena esclavizar a las esposas y que nos consideren como sus señores. Nada más equivocado. Pero lo cierto es que el mandato es a amarla. Yo me casé con mi esposa porque la amaba. Pero no se trata de un amor simplemente emocional, sino un amor que se manifiesta en nuestras actitudes. Nosotros debemos amarlas como Cristo amó a la Iglesia, hasta el punto de entregarse por ella. Ese es el único amor bíblicamente aceptable de un esposo hacia una esposa: un amor sacrificial, total, entregado y esforzado por y para nuestras esposas. Nuestra esposa será nuestra prioridad. Estaremos cansados, pero igual la serviremos; nuestros deseos estarán en segundo lugar porque ella estará en primer lugar; tendremos poco tiempo libre, pero ese poco tiempo será para ella. La cuidaremos, protegeremos, oraremos por ella, estudiaremos con ella, seremos su mejor amigo, su confidente, consejero, amante y su fuerza en la debilidad. Todo esto me lleva a pensar que un hombre para el mundo es el que es capaz de tener relaciones con muchas mujeres, pero para Dios, un verdadero hombre es el que es capaz de cubrir todas las necesidades de una sola mujer por el resto de su vida.

Dios te ha hecho hombre. Dios nos ha hecho hombres. No será fácil, pero Dios nos fortalecerá. Nos ha entregado una responsabilidad enorme, pero es conforme a Su diseño perfecto para nuestras vidas. Debemos ser esposos fieles a Dios en nuestros hogares y cumplir con el mandato que hay sobre nosotros.

Esposas fieles a Dios

Como lo he venido diciendo, debe preocuparnos el ver cómo esposos y esposas ya no se sienten a gusto entre ellos, un esposo que no ama como Cristo ama a la Iglesia, y esposas que ya no sienten el gozo de atender a su esposo y a sus hijos. Ya hemos visto la exhortación de Pablo a los esposos, amar a sus esposas de forma sacrificial, tal como Cristo amó a la Iglesia. En el caso de las esposas, Pablo solo da una indicación a las esposas: someterse a ellos (Ef. 5:22). Es importante reconocer que Pablo no termina con esa frase que muchos podrían cuestionar, sino que añade dos datos más:

1. *Como al Señor*: La entrega en servicio y cuidado de una esposa hacia su esposo debería ser como su entrega hacia el propio Señor. Pablo no está colocando al esposo a la altura de Dios, pero sí describe cuál debe ser la actitud del cristiano al servir y, en este caso, lo aplica a la actitud de la esposa con respecto a la relación con su esposo. En términos generales, Pablo señala que todos debemos sujetarnos unos a otros en el temor del Señor (Ef. 5:21). Esto significa servir al Señor sin murmuraciones, sin quejarnos, haciéndolo de todo corazón, sirviéndolo con alegría, haciéndolo voluntariamente, sirviéndolo con todas nuestras fuerzas, como si fuera para el Señor (Ef. 6:6; Fil. 2:14; Col. 3:23). Entonces, no se trata de una exhortación discriminatoria contra las mujeres, sino que es un mandamiento general, ahora aplicado a las esposas. A eso es a lo que se refiere Pablo.

Quisiera recalcar que el llamado de Dios es que el esposo se entregue por completo a su esposa en amor, y ahora Pablo se dirige a la esposa y le dice que se entregue por completo en sujeción a su esposo. No se logrará una relación armónica cuando no hay acuerdo en las decisiones, que para cada idea surja un reproche, que todo sea hecho a regañadientes, protestando o de mala gana, que servir a la familia se haga con desgano y sin ánimo, que se queja de todo, que nunca es agradecida, que nunca está conforme, que nada es suficiente, que todo le falta, que parece que nada tiene, que siempre quiere más, que nunca habla de las virtudes pero siempre habla de las cosas que no están bien, y actitudes similares. Esa actitud es claramente la gotera de la que la Biblia habla, esa es la mujer rencillosa con la que nadie quiere vivir y que cualquiera preferiría la soledad del desierto que la compañía de esa mujer (Prov. 27:5-6). Es triste decirlo, pero esa mujer es muy común en nuestros días.

2. *En todo*: Pablo está señalando que la relación con los esposos no queda restringida a algunas áreas de sus vidas. Sujetarse no es vincularte con tu esposo como si fuera tu dueño, pero sí reconocer que en todo lo debes tratar con consideración y respeto. Cuando consultas a tu esposo acerca de una decisión que quieres tomar, eso no significa que tu esposo es el único que toma decisiones, sino que consideras su liderazgo y es valiosa su sabiduría. Si tu esposo pone un castigo a tus hijos por alguna falta, ¿crees que es oportuno llevarle la contraria en frente de ellos cuando crees que no tiene razón? Eso es un error, no porque nunca se equivoque, sino porque en frente de tus hijos mostraría que existen dos equipos rivales en casa y eso podría fomentar la rebeldía en los hijos. Esto no significa tampoco que no debas decirle a tu esposo que crees que se ha equivocado, pero pue-

des hacerlo en la intimidad, fuera de la presencia de los hijos y con humildad y respeto. Esa actitud no es solo para las mujeres, sino para todos los cristianos. Pablo dice en esa misma carta en donde habla de la relación entre esposos:

... os ruego que viváis de una manera digna de la vocación con que habéis sido llamados, con toda humildad y mansedumbre, con paciencia, soportándoos unos a otros en amor, esforzándoos por preservar la unidad del Espíritu en el vínculo de la paz (Ef. 4:1-2).

Tu esposo no es tu dueño, como si fuera un amo poseedor de una esclava, pero en amor y unidad ante Dios ustedes son uno, se pertenecen el uno al otro, él es tuyo y tú eres de él. Recuerda estas preciosas palabras: «Yo soy de mi amado, y mi amado es mío...» (Cant. 6:3). Alguien me dijo una vez: «Juan Manuel, casarte no significa que le pertenecemos a nadie. Somos tan solo nuestros, nos pertenecemos a nosotros mismos». Le respondí con una gran sonrisa: «Yo nunca fui ni seré mío. En un tiempo, era del diablo, pertenecía a las tinieblas, mas ahora soy de Cristo, y después de Cristo, soy de Clicia». Recuerdo que me respondió: «¿Eso significa que son tus dueños y que obedecerás como un esclavo todo lo que te pidan?». Yo respondí con palabras que muestran la gracia de Dios y el amor que tenemos por Él como siervos:

«Ellos no me ordenan, ellos me piden,
y yo no obedezco con pesadez como un esclavo,
sino que con gozo y deleite hago lo que me piden
porque no hay mayor deleite en mi corazón que verlos felices».

No entendemos la sumisión como el mundo la presenta hoy, es decir, como una esclavitud bajo dominio del hombre, aunque eso mismo dicen de los cristianos que permanecen sumisos bajo el dominio de Dios, sino que entendemos la sumisión como la obediencia motivada por el amor y el deseo voluntario de agradar a una persona que nos ama, todo esto motivado por el amor que tenemos por Cristo.

Esposas, de nada vale ser serviciales en sus trabajos y congregaciones, si no lo son en sus hogares. Sean fieles a Dios como esposas conforme al patrón bíblico, sin importar lo que digan los demás, manténganse fieles a Dios como mujeres, madres, esposas, porque si hay un lugar en donde deben mostrar su espiritualidad es en el hogar, en la relación con sus esposos y sus hijos.

No quisiera dejar de mencionar algo que siempre escucho de las esposas cuando conversamos del diseño bíblico. Algunas me dicen: «Yo no me someto a mi esposo porque él no me ama como Cristo amó a la Iglesia». Algunos me dicen: «Yo no la amo como Cristo amó a la Iglesia porque ella no se sujeta a mí». Mientras los esposos sigan con esos pensamientos, su hogar seguirá siendo un desastre lleno de frustraciones.

El mundo vive reclamando derechos, piensa que solo debe dar si le han dado, pagar mal con mal, bien con bien, si me amas te amo, si me cuidas te cuido, si me traicionas te traiciono. Pero no somos del mundo, somos cristianos, hijos de Dios. No pensamos de la misma forma, no actuamos así, ese no es nuestro modelo y mucho menos nuestra motivación. Nosotros no hacemos lo que hacemos porque los demás nos hacen lo mismo, sino que hacemos lo que hacemos porque así le agrada al Señor (Fil. 2:1-5).

Nosotros damos el primer paso, no esperamos a que los demás hagan su parte, sino que hacemos la nuestra. Dios espera que yo ame a mi esposa como Cristo amó a la Iglesia, independientemente de su sujeción. Del mismo modo, Dios espera que mi esposa tenga una actitud de sujeción, independientemente de si estoy cumpliendo mis funciones como hombre en el hogar. Hazlo, da el primer paso, no mires a tu esposa, no mires a tu esposo, mira a Cristo, sigue Su ejemplo, recuerda lo que ha hecho por ti, y haz tu parte.

PADRES FIELES A DIOS

La paternidad está en crisis y abandono en nuestros días. Hoy enfrentamos una feroz batalla contra muchos aspectos de la cultura contemporánea. Agendas políticas, sociales y culturales buscan distorsionar la mente de nuestros niños, forzarlos a experimentar cosas que no son adecuadas y les quieren llevar a cuestionar a sus padres, dudar de su identidad, sus creencias, su sexualidad y muchas otras cosas esenciales en la vida humana.

Hoy vemos con preocupación cómo los jóvenes consumen bebidas alcohólicas y drogas desde muy temprano. Los adolescentes tienen relaciones sexuales cada vez más temprano, produciendo un número cada vez mayor de embarazos no planificados, terminando muchos de ellos en abortos clandestinos o legalmente ejecutados. Los cristianos consideramos que el aborto es la ejecución de un ser vivo e inocente por parte de personas que se creen con derecho sobre la vida de dicha persona, un asesinato en toda regla, un verdadero exterminio incomprensible.

Los niños y jóvenes están recibiendo toda clase de información el día entero. Las redes sociales, el Internet, la televisión y la música día tras día y durante horas bombardean las mentes y los corazones de nuestros hijos. Todos esos mensajes van normalizando conductas y principios que luego son aceptados como normales y correctos. Por eso de nada sirve ser excelentes proveedores de nuestra familia, pagar una buena educación escolar y universitaria y complacer los caprichos y deseos materiales de nuestros hijos si es que no cuidamos sus mentes y corazones.

Hay una guerra declarada contra la familia y los padres y madres temerosos de Dios deben abrir los ojos ante tan terrible realidad y empezar a luchar contra estos ataques. Es muy triste ver cómo padres y madres pasan tanto tiempo en el trabajo y llegan tan cansados a casa que no encuentran energías ni tiempo para invertir en las relaciones con sus hijos. Es bastante desafortunado ver cómo hay padres y madres que regalan teléfonos celulares o tabletas a sus hijos, aun desde muy pequeños, para tenerlos ocupados y distraídos con vídeos o juegos y así no los molesten mucho.

¡Esa negligencia debe parar! No eres padre solo para cubrir las necesidades materiales hasta la mayoría de edad de tus hijos. Eres padre para prepararlos para el mundo y, sobre todas las cosas, para que glorifiquen a Dios con sus vidas todos los días. Somos llamados a ser los primeros en instruir a los niños en los caminos de Dios desde que son niños pequeños, para que lleguen a ser hombres y mujeres de bien que no hagan daño, ni se hagan daño a ellos mismos.

Si piensas que bastará con llevar a tus hijos a buenos colegios y a las escuelas dominicales los domingos y las reuniones de jóvenes cuando estén más grandes para que estés seguro de que serán buenas personas y nunca se apartarán de los caminos de Dios, ¡estás muy equivocado! Maestros y líderes juveniles hacen un trabajo excelente, pero no será suficiente para contrarrestar la cantidad de horas que pasan envueltos en este mundo.

Debemos ser fieles a Dios en la paternidad y eso requerirá muchas horas, dedicación, esfuerzo y sacrificio. Pero todo sea por el bien de nuestros hijos y para la gloria de Dios.

Padres y madres fieles a Dios son aquellos que superando el agotamiento físico desempeñan su función principal como padres con regocijo y sacrificio para bendición de nuestros hijos y honra y gloria de nuestro Señor. Es nuestra responsabilidad como padres guiar cada día a nuestros hijos con la Palabra de Dios, orar con ellos, pasar tiempo conversando, jugar con ellos y abrazarlos, estar atentos a lo que aprenden en el colegio, apoyarlos y aconsejarlos. Todos los días hay que invertir tiempo con ellos, no es una opción ni una labor para el fin de semana o las vacaciones. Esto no es una sugerencia, es tu deber, es tu obligación.

Hijos fieles a Dios

La desobediencia, la rebeldía y la independencia extrema se han normalizado y hasta son deseables y aprobadas entre la juventud. Hoy vemos demasiada malcriadez, mala educación y falta de valores entre nuestros niños y adolescentes. En España, desde hace algunos años, empezó a escucharse un término que no habíamos oído, los ninis, para referirse a todos los jóvenes que ni estudian ni trabajan. Estos muchachos no saben cocinar, no saben lavar su propia ropa, no saben ni siquiera ordenar sus propias habitaciones. Caminan como cansados a pesar de no hacer prácticamente nada en todo el día, viven encerrados en sus habitaciones frente a una pantalla de ordenador o bien salen todo el día a la calle y pierden el tiempo con sus amistades. Por otro lado, vemos también jóvenes con trabajo que no colaboran con los gastos del hogar, solo gastan para sus caprichos materiales. Solo viven para ellos mismos, vidas egoístas que no tienen el menor afecto por los suyos y menos por el prójimo.

No quisiera sonar dramático ni muy exagerado, pero sé que muchos estarán de acuerdo conmigo en que la descripción dolorosa anterior podría representar a muchos de los hijos de nuestros amigos y hermanos hoy en día.

Como hijos no podemos seguir el patrón que nos impone la sociedad, no podemos adaptarnos a los valores de nuestra cultura o nuestro tiempo. Los hijos cristianos no vivimos así. Somos llamados a vivir una vida diferente siguiendo el ejemplo de Cristo, siendo luz y no oscuridad en medio de nuestra generación. Debemos brillar en la escuela, en la facultad, en las calles, en las paradas de transporte público mientras aguardamos el autobús, en nuestro vecindario, con nuestros amigos y en nuestra congregación. Como hijos cristianos tenemos valores y principios que podrían no ser compartidos por nuestros conocidos, nuestra escuela o los *influencers* de las redes sociales. Ellos provienen de la Palabra de Dios. Esa es la gran diferencia entre los valores cristianos y los del mundo:

El mundo	La Biblia
Rebélate.	Sé obediente (Prov. 6:20; Juan 14:23).
Disfruta de todos los placeres.	Anda en el Espíritu (Gál. 5:16).

Olvídate de la religión y la Biblia.	Confía en la Palabra de Dios y abraza el evangelio (Mar. 1:15).
Dios no existe.	Dios es el eterno Yo soy (Apoc. 1:8).
Jesús no es importante.	Jesús es el Señor y Salvador (Hech. 2:36).
Vive de forma desordenada.	Vive en santidad y en orden (1 Ped. 1:14-16).
No hagas caso a tus padres.	Honra y obedece a tus padres para que te vaya bien en la vida (Ef. 6:2-3).
No vayas a la iglesia.	No dejes de congregarte (Heb. 10:25).
Desprecia al débil y al que piensa diferente.	Ama a tu prójimo (Mat. 22:39).
Menosprecia a las autoridades.	Respeta a las autoridades (Rom. 13:1-7).
Tú eres primero.	Dios es primero (Mar. 12:30).
Solo vive el presente.	Considera la eternidad (Mat. 6:19-20).
Haz lo que quieras.	Sé prudente (Prov. 22:3).

Eres un hijo de Dios con principios y valores distintivos. Estás llamado a serle fiel y solo podrás serlo si escuchas la voz de Dios, Su Palabra. No importa que en la escuela te presionen, que en la facultad se rían de ti, o que se burlen de tus convicciones. Sé fiel, aunque te cueste quedarte solo, pero sé fiel, porque siendo fiel, Dios nunca te va a desamparar, nunca estarás solo, nunca estarás abandonado.

Esposos fieles, esposas fieles, padres fieles, e hijos fieles constituirán hogares fieles a Dios. Ellos serán la base de congregaciones más fuertes, mejor estructuradas, y familias sobre la Roca, las cuales tendrán un poderoso impacto en la sociedad de nuestros días, no tan solo predicando el evangelio, sino mostrando Su poder transformador y Su gloria viva en nuestras familias.

¡Con Dios siempre serás mayoría!

4

UNA IGLESIA FIEL EN LA ESCASEZ Y LA PERSECUCIÓN

LA IGLESIA DE ESMIRNA

Y escribe al ángel de la iglesia en Esmirna: "El primero y el último, el que estuvo muerto y ha vuelto a la vida, dice esto: 'Yo conozco tu tribulación y tu pobreza (pero tú eres rico), y la blasfemia de los que se dicen ser judíos y no lo son, sino que son sinagoga de Satanás. 'No temas lo que estás por sufrir. He aquí, el diablo echará a algunos de vosotros en la cárcel para que seáis probados, y tendréis tribulación por diez días. Sé fiel hasta la muerte, y yo te daré la corona de la vida. 'El que tiene oído, oiga lo que el Espíritu dice a las iglesias. El vencedor no sufrirá daño de la muerte segunda'" (Apoc. 2:8-11).

La familia y la Iglesia están siendo muy atacadas en nuestros días en diferentes frentes. Los grandes cataclismos sociales, culturales e ideológicos han generado una profunda hostilidad hacia el pueblo de Dios. La Iglesia ha respondido con valentía y proclamando el evangelio y siendo sal y luz en la sociedad. Pero también vemos que la Iglesia experimenta tiempos de apostasía, pasando de la mundanalidad al legalismo extremo; tiempos de herejías, payasadas y farsantes populares. Realmente son tiempos peligrosos, y hoy más que nunca es necesario levantar la voz y exhortar al remanente escogido de Dios:

Permanezcan firmes, manténganse fieles a su Dios.

Esmirna era una iglesia del primer siglo que supo ser fiel en medio de la adversidad. En este capítulo haremos un pequeño análisis de las características de esta iglesia presentadas por el apóstol Juan. Él destaca algunos aspectos difíciles que el Señor dice conocer con absoluta claridad, como su tribulación, pobreza (aunque es en realidad rico), y la herejía que está siendo infiltrada por falsos judíos. Junto con esto, el apóstol le exhorta a no temer porque vendrán tiempos complicados con algunos de ellos terminando en la cárcel, pero ellos deben mantenerse fieles hasta la muerte porque recibirán la corona de la vida.

Conozcamos un poco de esta iglesia. Esmirna era una ciudad romana conocida por muchos como «la flor de Asia». Gozaba de una gran actividad comercial portuaria, principalmente de mirra, utilizada en el embalsamiento mortuorio, así como en la elaboración de perfumes muy costosos. Los judíos comerciantes gozaban de una poderosa influencia en la ciudad.

La iglesia de Esmirna estuvo siempre muy presionada por la cultura grecorromana y por la hostilidad y persecución dura realizada por parte de grandes colectivos judíos.

Sin embargo, un remanente se mantuvo fiel al Señor a pesar de todas las dificultades y luchas que tuvo que enfrentar. Era una iglesia atribulada, pero, ante todo, una iglesia recordada, honrada y bendecida por su Señor Jesucristo.

Vamos a analizar las palabras inspiradas por el Espíritu Santo con respecto a esta iglesia para animarnos a permanecer siempre firmes en medio de las dificultades que se presenten en el futuro.

Lo primero que nos preguntamos es: ¿Quién se dirige a Esmirna? ¿Quién está hablando con estos creyentes? He aquí la respuesta:

... "El primero y el último, el que estuvo muerto y ha vuelto a la vida, dice esto: 'Yo conozco... (Apoc. 2:8-9).

Este no puede ser otro que Jesús, el verdadero Señor de la Iglesia, el Cordero de Dios. Las primeras palabras que pronuncia tras presentarse son «yo conozco». No podemos perder de vista la realidad de la omnipresencia y omnisciencia de nuestro Dios. Dios está en todas partes y no hay nada que desconozca.

Las palabras «yo conozco» le recuerdan a la iglesia de Esmirna que Dios no pasa nada por alto, que no hay nada que se le pase por alto al Señor. Él no parpadea, no se le escapan detalles, todo lo ve, todo lo sabe, todo lo conoce profundamente, no tan solo exteriormente, no solo las acciones, sino hasta nuestros pensamientos ocultos, lo más profundo de nuestro corazón, nuestras intenciones.

Absolutamente todo está desnudo ante la mirada perfecta de nuestro Dios.

Ese «yo conozco» debería llenarnos tanto de temor como de esperanza. Dios no pasa por alto nada de lo que pasa en nuestras vidas, nuestras acciones, pensamientos y todas nuestras circunstancias están abiertas como libros delante de Su presencia. Eso nos da confianza y fortaleza porque sabemos que nos está viendo y vela por nosotros, y un día nos honrará por lo que fuimos e hicimos en Cristo. Sin embargo, también ve todo aquello que no le honra en nuestras vidas, nuestro pecado y egoísmo, nuestras malas acciones y también todo lo que pudimos hacer y no lo hicimos. Sus ojos todo lo ven y rendiremos cuentas cuando estemos frente a Él porque habrá contemplado todo lo que hayamos hecho, tanto lo bueno como lo malo.

Oh Señor, tú me has escudriñado y conocido. Tú conoces mi sentarme y mi levantarme; desde lejos comprendes mis pensamientos. Tú escudriñas mi senda y mi descanso, y conoces bien todos mis caminos.

Aun antes de que haya palabra en mi boca, he aquí, oh Señor, tú ya la sabes toda. Por detrás y por delante me has cercado, y tu mano pusiste sobre mí. Tal conocimiento es demasiado maravilloso para mí; es muy elevado, no lo puedo alcanzar.

¿Adónde me iré de tu Espíritu, o adónde huiré de tu presencia? Si subo a los cielos, he aquí, allí estás tú; si en el Seol preparo mi lecho, allí estás tú. Si tomo las alas del alba, y si habito en lo más remoto del mar, aun allí me guiará tu mano, y me asirá tu diestra. Si digo: Ciertamente las tinieblas me envolverán, y la luz en torno mío será noche; ni aun las tinieblas son oscuras para ti, y la noche brilla como el día. Las tinieblas y la luz son iguales para ti (Sal. 139:1-12).

En segundo lugar, El Señor que todo lo ve sabía que Su pueblo en Esmirna pasaba por un momento de tribulación. La palabra original griega para «tribulación» hace referencia a una vida bajo una opresión constante, como cuando alguien se encuentra en un lugar estrecho o cuando colocamos algo en un espacio tan justo que no le permite moverse ni escapar. Ese era el diario vivir de nuestros hermanos en Esmirna. Había sobre ellos una constante presión que era como una constante fuerza que golpeaba contra sus vidas. Estaban siendo oprimidos y despreciados, rechazados e insultados, hasta el punto de llegar a ser físicamente castigados. Pero ante los ojos de Dios, Él los consideraba bienaventurados.

Una iglesia fiel a Dios es una iglesia que entiende que la opresión y la persecución por causa del evangelio es una bendición, una muestra de que la iglesia está caminando y proclamando correctamente el mensaje encomendado por el Señor, una prueba de que la luz está brillando e incomodando las tinieblas, tal como sucedió con Jesús cuando estuvo en esta tierra.

Bienaventurados aquellos que han sido perseguidos por causa de la justicia, pues de ellos es el reino de los cielos. Bienaventurados seréis cuando os insulten y persigan, y digan todo género de mal contra vosotros falsamente, por causa de mí. Regocijaos y alegraos, porque vuestra recompensa en los cielos es grande, porque así persiguieron a los profetas que fueron antes que vosotros (Mat. 5:10-12).

Por el contrario, la iglesia infiel, falsa y mentirosa ofrece un mensaje contrario a la Palabra de Dios, algo que queda reducido a las cosas de este mundo y que el corazón pecaminoso desea: acabar fácilmente y sin reproches con sus problemas y poder gozar de abundancia material. El hedonismo humano de nuestros días hace que el ser humano huya del sufrimiento, no aguante nada incómodo, que ante cualquier complicación salga corriendo y deseche todo lo que moleste.

Entonces la iglesia falsa e inmensamente popular analiza lo que el mundo quiere y se lo ofrece en nombre de Dios: «No quieren sufrir, pues vengan, Jesús terminará con todos sus problemas, enfermedades y deudas». La iglesia falsa dice que rechaces el sufrimiento, que reprendas el dolor, que no aceptes la tribulación, que esas cosas no pueden venir de un Dios de amor. Sin embargo, ese Dios de amor, Jesucristo, pronunció con Su propia voz lo contrario: «Bienaventurados cuando os persigan, os insulten, tramen mal contra vosotros».

De seguro te estás preguntando por qué Jesús dijo tales palabras. Es posible que siempre pensaste que Dios solo quiere lo mejor para nosotros. Dios no es un tirano que desea ver sufrir a Sus hijos, pero la realidad es que vivimos en un mundo tan contrario a la verdad y a los valores de Dios que cuando uno se dispone a vivir conforme al evangelio, eso traerá persecución, rechazo y hasta dolor. Hace más de dos mil años, el apóstol Pablo lo expresó así:

> Y en verdad, todos los que quieren vivir piadosamente en Cristo Jesús, serán perseguidos (2 Tim. 3:12).

Todos aquellos que quieran vivir para el Señor, es decir, vivir conforme al evangelio de Jesucristo, obedeciendo a Dios y Sus mandamientos, tarde o temprano y en algún grado enfrentarán algún tipo de desprecio o persecución.

No estamos hablando de que terminaremos en una celda o acribillados por un pelotón de fusilamiento, pero un adolescente podría ser rechazado por sus compañeros de escuela por querer vivir bajo principios cristianos. Un joven universitario podría recibir las burlas de sus compañeros porque ha tomado la decisión de no tener relaciones sexuales hasta el matrimonio. Un trabajador cristiano podría ser tratado con desprecio por sus compañeros al no compartir las posturas morales populares. Aun las personas que amamos nos podrían dar la espalda por nuestras creencias. De seguro muchos se pueden sentir familiarizados con estas dificultades. La única manera de que no ocurra es que el creyente se esconda, oculte sus creencias, se deje llevar por la corriente y nunca manifieste su opinión sobre ningún tema.

La Iglesia no debería tener un mensaje que proclama que el sufrimiento es malo. Por el contrario, debe ser animada a enfrentarlo, a fortalecerse mucho en el Señor en ese proceso, a buscar a Dios en oración para encontrar gozo y apoyo en Cristo. Una iglesia fiel será perseguida. Pero tenemos una firme promesa de parte de nuestro Señor y Salvador:

> Yo estaré con vosotros todos los días hasta el fin del mundo (Mat. 28:20).

Jesús también manifiesta que conoce de la pobreza de nuestros hermanos de Esmirna. La necesidad no era poca, sino que la palabra griega utilizada por Juan para referirse a su condición de pobreza es una palabra utilizada para referirse a una situación de extrema necesidad, cuando falta aun lo esencial para sobrevivir. Además de ser perseguidos y menospreciados, muchas veces no tenían lo necesario para alimentarse y veían hambrientos a sus hijos.

Ninguna de esas dificultades hizo que negaran su fe, que se quejaran de su condición o que vivieran bajo una murmuración constante. Ellos nunca dejaron de ser fieles a Dios y de exaltar el nombre de Cristo. Los cristianos son fieles en todo momento. Existen algunos que solo cantan cuando las cosas van bien, que solo sienten gozo cuando todo marcha según lo previsto o que obedecen a Dios mientras perciben que Dios les es favorable a sus deseos y caprichos. Pero esos no son los miembros que forman parte de una iglesia fiel.

De nuevo, la iglesia falsa moderna les dice a sus seguidores egoístas y mundanos que deben rechazar la necesidad, que eso no viene de Dios, que Dios no permitiría nunca tales cosas, que eso es demoníaco, y tantas otras mentiras. Yo me pregunto: ¿Pablo estaba endemoniado? ¿Dios no bendecía a Su apóstol? Pablo no dudó en decir las siguientes palabras: «Aprendí a gozarme en la abundancia, y aprendí a gozarme en la escasez» (Fil. 4:12). No solo pasó momentos de escasez, sino que declaró que supo gozarse en medio de esas situaciones.

> La verdadera iglesia, la iglesia fiel no tiene gozo por lo que Dios le da, sino en Dios mismo.

Esta situación precaria en aspectos económicos o materiales que enfrentaban es revertida por el Señor con las siguientes palabras: «Pero tú eres rico». Eso es lo mejor que podíamos leer y una gran noticia de parte de Dios para Su pueblo porque la verdadera riqueza no reside en la posesión de cosas materiales, sino en tener a Cristo como Señor y Salvador de nuestras vidas. La riqueza está en Cristo y en Su gracia. Los hermanos de Esmirna, como cualquier creyente del mundo entero de cualquier época, eran verdaderamente ricos.

Porque tuvisteis compasión de los prisioneros y acep-
tasteis con gozo el despojo de vuestros bienes, sabiendo
que tenéis para vosotros mismos una mejor y más duradera posesión (Heb. 10:34).

El autor de Hebreos les habla a los hermanos que se
mantuvieron con gozo mientras sus acusadores y persegui-
dores se repartían sus bienes confiscados; pero, por otro
lado, les recuerda que ellos tienen una posesión mejor y
más duradera.

Nuestras riquezas no son temporales, son eternas,
no tienen precio, tienen valor, no duran un tiempo,
durarán para siempre.

Tenemos mayores riquezas en Jesucristo que las que
todos los países del mundo podrían sumar en unidad. Go-
zamos de la gracia de Dios y la vida eterna, la presencia de
Dios en nuestras vidas, somos morada del Espíritu Santo,
conocemos la Sagrada Escritura que permanece para siempre, podemos orar y ser escuchados por el Creador del
Universo en el nombre de Jesús. No existe riqueza mayor
que la que un día recibimos de parte de Cristo por pura
gracia. La iglesia falsa puede ser rica en cosas materiales y
en popularidad, pero pobre en las que realmente importan.

Porque dices: "Soy rico, me he enriquecido y de nada
tengo necesidad"; y no sabes que eres un miserable y digno de lástima, y pobre, ciego y desnudo (Apoc. 3:17).

Esas palabras podrían ser el reflejo de muchas iglesias
contemporáneas millonarias y llenas de bienes y riquezas,
que a los ojos del mundo son ricos y no les falta nada, pero

a los ojos de Dios son miserables, dignos de lástima, pobres, ciegos y desnudos.

No quisiera que me malinterpreten. Dios bendice a muchas personas, de distintas maneras, y algunos llegan a tener condiciones financieras realmente notables, pero el Señor espera que sus corazones no estén puestos en esas riquezas. No hay duda de que el Señor puede bendecirnos en lo material y hacernos administradores de muchas posesiones. El problema está en el corazón y que no nos dejemos engañar por las riquezas.

La iglesia falsa pone sus ojos en las bendiciones, la iglesia fiel pone los ojos en Dios. La iglesia falsa anhela y busca riquezas materiales, la iglesia fiel anhela y busca riqueza espiritual. La iglesia falsa pone los ojos en conquistas temporales, la iglesia fiel pone los ojos en las cosas eternas. Quisiera repetir nuevamente, las cosas materiales no son malas, lo peligroso es que alcanzarlas se vuelva nuestro principal objetivo. No hay persona más pobre que aquella que tan solo tiene riquezas materiales.

El Señor también dice que en la iglesia de Esmirna existen algunos que dicen ser judíos y blasfeman y que algunos irán a la cárcel. Sin embargo, recibirán la corona de vida al final del camino.

Imaginemos una gran campaña evangelística, como esas que se organizan en estadios y en las calles. Ahora quisiera plantearte dos discursos distintos. Por un lado, el famoso evangelista moderno y lleno de carisma predica el mensaje: «Jesús solucionará tus problemas, tu familia será siempre feliz, tu matrimonio no tendrá más luchas, serás cabeza y no cola, gerente y no más empleado, propietario y no más trabajador, se acabará la escasez y tendrás siempre abundancia, tus sueños se cumplirán y te volverás un campeón, así que tan solo pasa al frente y repite esta oración conmigo». Imagino una multitud corriendo detrás de todas esas promesas, como aquellos que corrían tras los panes y los peces, tras las sanidades, tras los milagros de cualquier tipo en los tiempos de Jesús.

Ahora imagina a otro predicador diciendo lo siguiente: «Si te arrepientes y depositas tu fe en Jesús y empiezas a vivir del modo digno del evangelio, serás perseguido, sufrirás muchas luchas, ya no vivirás para los placeres, nunca serás el primero, sino que tendrás que mermar para que Cristo crezca, serás más bienaventurado cuando des que cuando recibas, serás blasfemado y despreciado por los hombres, podrías hasta morir por causa de tus creencias y tu fe, y de seguro serás rechazado por amigos e incluso por tu propia familia, te tendrás que negar cada día a ti mismo y tomar tu cruz, tendrás que invertir tu tiempo libre en compartir el evangelio a otros y hacer discípulos, pero serás un verdadero y fiel discípulo de Cristo. Ahora quien quiera que pase al frente y repita conmigo una oración». Es muy posible que la multitud que pasó tras el primer mensaje no movería ni un pie. Solo los que son verdaderamente tocados por el Señor podrán responder al mensaje verdadero del evangelio.

He querido mostrar con esta ilustración que es muy fácil saber lo que la gente quiere y llenar un local de multitudes solo ofreciendo lo que ellos quieren escuchar. Eso es lo que hace la iglesia falsa de nuestros días.

Nosotros somos llamados a ser una iglesia fiel, verdadera, con un mensaje verdadero, una enseñanza verdadera, un estilo de vida verdadero y predicando el verdadero evangelio.

La Iglesia no tiene que atraer personas hacia sus deseos, sino exponerles la verdad. Dios atraerá a todos aquellos que Él desee, como atrajo a Lidia durante un sermón de Pablo que ni tan siquiera había ido a escuchar. Seamos como nuestros hermanos de Esmirna. Si nos insultan, permanezcamos fieles; si nos rechazan, permanezcamos fieles; si levantan falso testimonio contra nosotros, permanezcamos fieles; si pasamos por enfermedades, permanezcamos fieles; si nos amenazan por predicar contra el pecado, permanezcamos fieles; si pasamos por escasez, permanezcamos fieles; si todo resulta en quedarnos solos, permanezcamos fieles; y si el resto de iglesias se desviara por completo, permanezcamos fieles; e incluso, si nos costaría nuestra propia vida, sigamos siendo siempre fieles.

¡Permanezcamos fieles!

5

LA FIDELIDAD DE DIOS

El modelo supremo de fidelidad

Y vi el cielo abierto, y he aquí, un caballo blanco; el que lo montaba se llama Fiel y Verdadero, y con justicia juzga y hace la guerra (Apoc. 19:11).

La razón fundamental por la que hablamos en cada uno de los capítulos de este libro de la fidelidad hacia Dios es debido a que el modelo supremo de fidelidad es Dios mismo.

El modelo supremo de fidelidad es Dios mismo.

La fidelidad de Dios es sumamente evidente en la Escritura y también en nuestra propia historia. Toda la Biblia demuestra que tanto Dios como Su Palabra son fieles. Toda la Biblia es un completo testimonio de la fidelidad de Dios manifestada a Su pueblo. En cada promesa cumplida y en cada profecía cumplida, somos testigos de Su fidelidad y poder.

La promesa que Dios hizo sobre el cuidado de Noé y de su familia se cumplió. La promesa de Dios sobre el cuidado y protección de Ismael, incluso al ser abandonado en el desierto, se cumplió. Las promesas de liberación de la esclavitud egipcia que Dios le hizo al pueblo de Israel a través de Moisés se cumplieron por completo. La promesa dada a Abraham de que sería padre de multitudes a pesar de la esterilidad de su esposa se cumplió. José pudo sobrevivir a la esclavitud y la cárcel y así salvar a su pueblo de la hambruna y la destrucción porque el Señor fiel nunca lo abandonó. Las promesas de conquistas entregadas a Josué a pesar de la grandeza y ferocidad de los pueblos cananeos se cumplieron porque el Señor fiel fortaleció a Israel. Todas esas promesas fueron cumplidas y muchas otras promesas más. Podríamos destacar la promesa más grande y sublime de todas, el anuncio de la llegada del Mesías, del Salvador, el cual se manifestó con la llegada de nuestro Señor Jesucristo.

La seguridad del cumplimiento de Sus promesas y la confianza en Sus palabras no han dependido de nuestra fidelidad, de nuestras respuestas, de nuestra fe, de nuestras decisiones o circunstancias. El poder de Dios ilimitado, Su fidelidad incomparable y el cumplimiento de Su palabra no depende en momento alguno de nosotros. Él basa el cumplimiento de Sus promesas y Sus palabras en Su propio carácter y poder porque lo que Dios dijo, Dios lo cumplirá; lo que Dios habló, sin lugar a duda será hecho, independientemente del ser humano, la naturaleza o cualquier otra cosa. Nada ni nadie podrá impedir el cumplimiento de cada hecho anunciado y cada palabra pronunciada por el Señor.

Yo sé, SEÑOR, que tus juicios son justos, y que en tu fidelidad me has afligido (Sal. 119:75).

Cuando hablamos de fidelidad, vemos cómo el salmista relaciona incluso la fidelidad con la aflicción, los juicios y la justicia de Dios. Este salmo extenso es uno de los salmos que más exalta la Palabra de Dios, y viene a ser un reflejo de cómo el salmista fue descubriendo la perfecta sabiduría de Dios en Su manera soberana y poderosa de actuar, incluso llegando a percibir la perfecta justicia y fidelidad de Dios en los momentos de aflicción.

La expresión «en tu fidelidad me has afligido» siempre será difícil de entender por alguien que no conoce con alguna profundidad al Dios que ha sido revelado en la Escritura. Los seres humanos solemos entender que los que nos aman son aquellos que nunca permitirían que sintiésemos algún tipo de dolor o malestar y que solo buscarán nuestro bien. Sin embargo, el salmista había entendido que, en lo tiempos difíciles, en los momentos duros, cuando tenemos que pasar un trago amargo de la vida, en los tiempos de aflicción, Dios sigue siendo fiel.

Dios nunca abandonará Su fidelidad porque Dios es fiel, y no puede negarse a Sí mismo.

Sé que el concepto que acabo de presentar no es fácil de entender. Por eso trataré de explicarlo a continuación. Existen muchas personas que gritan «¡Dios ha sido fiel!» cuando consiguen un nuevo empleo tras un tiempo de escasez económica, cuando han sido curados de una larga enfermedad, o cuando su matrimonio ha sido restaurado luego de grandes problemas y luchas. Sin embargo, son pocos los que repetirían la misma frase cuando están en medio de la escasez, la enfermedad o las luchas familiares o personales. Ellos entienden que un Dios fiel no podría dejarlos pasar por una situación semejante. Sin embargo, el cristiano maduro, aquel que conoce a Dios más profundamente, sabe reconocer la fidelidad de Dios no solo en los días de sol, sino también en los días nublados; no tan solo en medio de la calma, sino incluso en medio de la tempestad. Dios es siempre fiel, sin importar las circunstancias por las que estemos pasando.

Si somos infieles, Él permanece fiel, pues no puede negarse a sí mismo (2 Tim. 2:13).

Si Dios dejara de ser fiel sería como negarse a Sí mismo. Tenemos que entender que nosotros amamos, pero Dios es amor, que nosotros podemos practicar la justicia, pero que Dios es justo, que nosotros nos santificamos, pero Dios es santísimo, y que nosotros podemos esforzarnos por actuar con fidelidad, pero Dios es fiel. La fidelidad de Dios no es una práctica, no es algo que hace, es algo que ES, y si dejara de actuar con fidelidad, sería negarse a Sí mismo, porque la fidelidad es parte de la esencia de Dios.

Nosotros somos condicionales en muchas ocasiones. Esto quiere decir que siempre habrá condiciones, requisitos o circunstancias que afectarán nuestra conducta o nuestras acciones. Es cierto, por ejemplo, que los cristianos buscamos siempre manifestar un amor incondicional, pagar el mal con bien, amar a nuestros enemigos, orar por los que nos maldicen, y tantas otras demandas del evangelio. Sin embargo, esto no es tan fácil cuando estamos luchando porque las ofensas y lo que nos han hecho son tan duras, que como ser humanos, a pesar de conocer a Dios y tener la disposición a obedecer el mandato divino, se nos hace difícil expresar con sinceridad cada una de esas conductas que el propio Jesús nos dijo que debíamos manifestar. A veces nos han hecho tanto daño que luchamos con nosotros mismos para poder amar a esa persona que nos hizo mal. Algunos han sido traicionados de una forma tan cruel que ruegan a Dios para que sus corazones no se endurezcan y puedan perdonar y dejar a un lado el dolor.

Todo eso no funciona de la misma manera con Dios. Nuestro Señor no se esfuerza por ser fiel, por amar o por practicar la justicia. Dios no necesita hacer esfuerzos para perdonar, o no tiene que rogar para sentir un poco de compasión. Todas esas virtudes son parte de Su misma naturaleza, son parte de Su persona. Esto significa que, sin importar cómo nosotros lo tratemos, sin importar si nosotros cumplimos o no nuestra parte, Dios siempre cumplirá la Suya.

Mas, tú, Señor, eres un Dios compasivo y lleno de piedad, lento para la ira y abundante en misericordia y fidelidad (Sal. 86:15).

Las promesas dadas por Dios no dependen de nuestra fe, tampoco se cumplirán porque nosotros las creemos con fuerza, o si hacemos la parte que nos toca en el proceso, sino que dependen de Dios mismo. Debemos recordar que Abraham recibió la promesa de una descendencia tan grande que no se podría contar, sin embargo, su esposa era estéril y ambos eran ya ancianos. ¿Qué poder tenía Abraham para concretar la promesa de Dios? ¡Ninguno! Por eso el autor de Hebreos dice: «Pues cuando Dios hizo la promesa a Abraham, no pudiendo jurar por uno mayor, juró por sí mismo, diciendo: ciertamente te bendeciré y ciertamente te multiplicaré» (Heb. 6:13-14).

De lo anterior se desprende que, por ejemplo, la segunda venida de Cristo, independientemente de lo que pase o suceda por medio, a pesar de cómo actuemos todos los que estamos en la tierra, igual va a suceder, Cristo volverá un día por Su Iglesia. Lo hará porque así lo ha determinado y sin importar lo que pase, Su Palabra nunca dejará de cumplirse (Mat. 24:35).

Nosotros no vamos a provocar que un día Dios actúe de manera temperamental, esto es, que decida producto de la terquedad de la humanidad dejar a un lado Su fidelidad y olvidarse de lo que ha prometido o ha decidido en Su voluntad soberana guardar. Ni el mundo, el infierno, cualquier cosa creada, nada, absolutamente nada, puede llegar a provocar a Dios para que no actúe con fidelidad.

Incluso en las cosas que no entendemos, en los momentos más duros y dolorosos de nuestra vida, durante los días más oscuros que podamos vivir en esta tierra, pase lo que pase, sin importar lo que sintamos, experimentemos o hagamos, sea que nos mantengamos firmes o lo abandonemos, oremos o dejemos de orar, sea lo que sea que podamos hacer o dejar de hacer, Dios seguirá siempre actuando con fidelidad porque Dios es fiel. Esa es la afirmación principal que trae confianza total al corazón del creyente en relación con las promesas de Dios.

Dios no es hombre, para que mienta, ni hijo de hombre, para que se arrepienta. ¿Lo ha dicho Él, y no lo hará?, ¿ha hablado, y no lo cumplirá? (Núm. 23:19).

A lo largo de toda la Escritura hemos visto cumplirse promesas de Dios con el paso de los años, sin dejar atrás ninguna palabra pronunciada que finalmente no se haya cumplido. En la vida del creyente existen muchas promesas que por años hombres y mujeres han intentado olvidar o negar debido a que no ven su cumplimiento en mucho tiempo. El ejemplo más evidente es la segunda venida de Cristo. Existen personas que no creen que habrá un juicio final, otras no creen que Cristo regresará en las nubes, muchos no creen que habrá una eternidad de gloria en Su presencia. Sin embargo, es la fidelidad de Dios, la que trae esa firme esperanza al corazón del creyente y no las opiniones de las personas, así sean de una gran mayoría. Es decir, yo no sé cuándo sucederán tales cosas, no conozco el día exacto ni la hora, desconozco los detalles, pero lo que sí sé es que todas sucederán, y el motivo de ese cumplimiento exacto es que Dios es fiel, y si Dios habló, Dios cumplirá Su promesa.

El pasaje que acabamos de ver unos párrafos atrás del libro de Números especifica dos realidades principales. En primer lugar, hace una comparación entre Dios y el hombre, en la que claramente el ser humano sale mal parado. El escritor señala con precisión lo siguiente: «Dios no es hombre para que mienta, ni hijo de hombre para que se arrepienta». Como dijimos anteriormente, nosotros nos vemos afectados por tantas cosas que muchas veces podemos hacer promesas que luego no cumpliremos, decimos que haremos esto o aquello y luego, por múltiples razones no podremos hacerlas o simplemente no las llevamos a cabo. Es cierto que muchos lo hacen por falta de palabra, por falta de integridad, sin embargo, existen muchas personas que a veces han roto su palabra o sus promesas por situaciones que se escapan a su propio control.

Quizás yo le dije a un amigo que lo visitaría en la noche,

pero mi esposa se enfermó y yo no pude asistir a mi cita prevista. Tenemos toda nuestra intención de cumplirle a nuestro hijo la promesa de un bonito regalo de cumpleaños, pero nos despidieron del trabajo y eso provoca que, por una situación económica complicada e inesperada no podamos comprar el regalo que habíamos prometido. Recordemos que prometimos en el altar hacer feliz, cuidar y tratar con cariño y ternura a nuestra esposa o nuestro esposo todos los días de nuestra vida, pero pasamos por malos momentos, días tensos en el trabajo o temas diversos, y eso hace que, a veces, no hayamos sido los más cariñosos o comprensivos con nuestro cónyuge, lastimando con nuestras palabras a quien prometimos hacer felices en cada momento.

No siempre queremos incumplir nuestras promesas, es más, al menos en mi caso, siempre deseo realizar las cosas que me propongo, pero los seres humanos somos frágiles y volubles, estamos muy condicionados al tiempo, las circunstancias, la salud, el estado anímico, la vida, la muerte, tantas cosas que son ajenas a nosotros y que tienen un profundo impacto en nuestras decisiones. Dios, por el contrario, no depende de circunstancias favorables, Él depende tan solo de Sí mismo, y por eso cumple todo lo que promete, porque no es mentiroso, no está condicionado y porque es inmensa y eternamente fiel.

El mismo versículo termina diciendo: «¿Dios ha hablado y no hará? ¿Dios ha prometido y no cumplirá?». El autor bíblico presenta estas preguntas de una forma totalmente sarcástica, como siendo el más grande de los absurdos el siquiera pensar que Dios no cumpliría algo que dijo que haría. Cuando asimilamos en nuestro corazón la fidelidad de Dios, ese entendimiento aportará una gran confianza y sentido a nuestra vida, traerá también consuelo y esperanza.

Un ejemplo sencillo para comprender mejor este concepto. Nunca dudaré de que Dios está conmigo, por muy solo que me encuentre tendré la certeza de que me está acompañando, ¿por qué? Simplemente porque dijo que estaría con nosotros todos los días hasta el fin del mundo, y no es hombre para mentir, ni hijo de hombre para arrepentirse. Así podríamos hacer una lista grandiosa de maravillosas y preciosas promesas entregadas por el Señor en Su Palabra. Qué gozo, confianza y seguridad trae el saber que Dios es fiel y que Su fidelidad no depende de la nuestra.

Mantengamos firme la profesión de nuestra esperanza sin vacilar, porque fiel es el que prometió (Heb. 10:23).

La fe cristiana incluye este componente de esperanza. Una esperanza futura, una esperanza eterna, una esperanza gloriosa que no se sostiene en nosotros, sino en Aquel que la prometió y es fiel.

¡Qué hermoso es que podamos acercarnos a un Dios fiel con la seguridad de nuestra fe y esperanza en Él y no en nosotros!

Quisiera para terminar este capítulo recalcar que la seguridad reside principalmente en la certeza que tenemos de que Cristo cumplirá todas las promesas que hizo y que todos aquellos que creemos y confesamos a Jesús como nuestro Señor y Salvador somos herederos de cada una de esas promesas no por nuestros méritos, sino por lo que Jesucristo hizo por nosotros en la cruz del Calvario a nuestro favor. Por lo tanto, es importante recordar que lo importante no es la fe en sí, sino el objeto de nuestra fe, una fe puesta en Dios, una fue puesta en Cristo, aquel que es capaz de cumplir todas y cada una de Sus promesas y todo debido a Su fidelidad.

Dios es fiel, Sus promesas son palabras fieles, Sus hechos y acciones siempre están marcados por Su fidelidad y nuestro futuro eterno está seguro en Sus manos y Su poder. No estamos apoyados en palabras humanas, las cuales se las puede llevar el viento, sino que nuestra fe está firme en las promesas del Todopoderoso, del Creador del universo y todo lo visible e invisible. Sigamos adelante con confianza, enfrentemos la adversidad con coraje, atravesemos el mar de la aflicción con gozo con la certeza del cumplimiento de cada una de las promesas dadas por Dios hacia Sus hijos, y sigamos adelante firmes, sin vacilar, con los ojos puestos en nuestra gloriosa y eterna esperanza.

Deus est fidelis.

6

UNA FIDELIDAD PERDURABLE

Sostenidos por el Espíritu Santo

Mas por causa de tu terquedad y de tu corazón no arrepentido, estás acumulando ira para ti en el día de la ira y de la revelación del justo juicio de Dios, el cual PAGARA A CADA UNO CONFORME A SUS OBRAS: a los que por la perseverancia en hacer el bien buscan gloria, honor e inmortalidad: vida eterna; pero a los que son ambiciosos y no obedecen a la verdad, sino que obedecen a la injusticia: ira e indignación (Rom. 2:5-8).

Una palabra que aparece muchas veces a lo largo de la Biblia es la palabra «perseverar». Se le considera tan importante que una de las doctrinas de la gracia que fue defendida firmemente por los reformadores y muchos cristianos en la actualidad, entre los cuales me incluyo, es lo que se denomina la perseverancia de los santos. Perseverar firmes en el Señor hasta el final de nuestros días o hasta la venida de Cristo es una doctrina fundamental de la vida cristiana porque es una de las marcas distintivas de aquellos que son salvos por gracia producto de la obra perfecta de nuestro Señor Jesucristo.

A lo largo del libro hemos hablado de nuestra responsabilidad y privilegio de ser fieles a Dios en diferentes aspectos de nuestra vida, en distintas áreas de la sociedad, bajo presión y oposición e incluso hasta el punto de estar dispuestos a dar nuestras vidas. La fidelidad a Dios está muy vinculada a la perseverancia. Son dos términos tan interconectados que podría decirles que el mayor deseo de mi corazón es alentarlos a perseverar en su fidelidad al Señor y a Su Palabra.

LA FUENTE DE LA PERSEVERANCIA

Creo que todos los que somos cristianos alguna vez nos hemos hecho estas preguntas tan importantes en nuestro corazón porque deseamos agradar a Dios por el resto de nuestras vidas, tal como lo hemos aprendido con las historias bíblicas que hemos compartido juntos.

¿Cómo podemos mantenernos fieles hasta el final?

¿Qué hizo posible que esos jóvenes se mantuvieran firmes bajo la amenaza del horno de fuego? ¿Qué hizo posible que José se mantuviese firme ante circunstancias tan difíciles?

La respuesta más clara y sencilla no está en un método, sino en una persona: Dios. Esa es la verdad, es Dios quien nos fortalece, nos guía, nos ayuda a perseverar. Si buscamos ser sinceros y dejamos el orgullo y la soberbia de lado, sabemos muy bien que no nos mantendríamos firmes a diario ante las tentaciones y los ataques del enemigo si dependiéramos solo de nuestras propias fuerzas. Somos débiles y limitados, propensos a caer y muchas veces imprudentes. Si en algún momento logramos superar alguna de esas cosas a pesar de nuestras limitaciones es debido a la presencia y la fortaleza de Dios en nosotros.

Es en Él, en Dios, que encontramos fortaleza para perseverar.

Perseverando en la Palabra

Es muy importante que seamos fieles a Dios en cuanto a la exposición de Su Palabra, y no solo teniendo una idea superficial de la Escritura, sino viviendo la Escritura. La verdad es que no podemos ser fieles al Señor si no conocemos realmente la Escritura. Hoy en día vivimos bombardeados por supuestas verdades que han llegado a ser muy populares y que ejercen una enorme presión sobre nuestro modo de pensar y actuar. Las nuevas verdades proclaman que todo es relativo, todo vale, todo depende de la perspectiva como se miren las cosas, del tiempo, de la cultura, de mis propios sentimientos, etc. Las verdades absolutas han sido proscritas, ya no existe el bien y el mal, lo correcto y lo incorrecto, lo moral o lo inmoral. Toda supuesta verdad ahora depende de tus sentimientos y de tu opinión.

Esta idea nueva de verdad también se ha introducido poco a poco y de manera encubierta en las iglesias, donde cada cual proclama sus propias verdades, cada cual tiene una interpretación propia de la Palabra de Dios. Todo eso ha provocado que lleguemos a un punto en que dos iglesias que dicen ser evangélicas no tengan muchas similitudes entre ellas e incluso experimenten diferencias en puntos fundamentales de la doctrina cristiana.

> Pero cuando El, el Espíritu de verdad, venga, os guiará a toda la verdad, porque no hablará por su propia cuenta, sino que hablará todo lo que oiga, y os hará saber lo que habrá de venir (Juan 16:13).

La persona del Espíritu Santo guio a los apóstoles en toda la verdad sobre Jesús, Sus palabras y Su mensaje. Así es también con cada uno de los discípulos desde los tiempos de la iglesia primitiva hasta nuestros días. Pasamos tiempo en la Escritura, la estudiamos con cuidado, escuchamos a grandes maestros exponerla, leemos grandes libros y comentarios para entenderla mejor, pero no debemos olvidar nunca que la persona destinada a guiarnos en toda la verdad sobre Cristo y la Palabra es el Espíritu Santo. Esa es la razón fundamental por la que siempre animo a las personas a regar sus estudios bíblicos con oración, a dedicar horas de sus vidas no solo a leer, sino a pedir en oración que el Espíritu Santo les muestre con claridad las verdades que leen, el sentido con el cual fueron inspiradas y la razón principal por la cual se escribieron.

La Biblia es un libro que la mente natural del ser humano no puede asimilar, hombres y mujeres carnales y simplemente sin más horizonte que esta vida natural bajo el sol, no pueden entender los tesoros espirituales que Dios ha revelado en Su Palabra. Sin embargo, quisiera reiterar que es el Espíritu Santo el que confirma cada una de esas palabras en nuestro corazón, dándole sentido en nuestra mente y fortaleciéndonos y capacitándonos para ponerlas en práctica todos los días de nuestra vida.

Si solamente intentamos conocer a Dios y Su verdad en fuentes que encontramos en libros o Internet, acabaremos totalmente confundidos y hasta desalentados. Un día estaremos siguiendo una determinada corriente teológica y leyendo autores que defienden esas posturas y otro día estaremos siguiendo otras corrientes de pensamiento teológico. Usando las corrientes teológicas contemporáneas podríamos decir, por ejemplo, que un día nos despertaríamos arminianos y un tiempo después estaríamos siguiendo el calvinismo; un día seremos cesacionistas y unos meses más tarde nos volveremos continuistas. Mientras la fuente de información que determine nuestras creencias sea Internet, YouTube, páginas que encontremos tras largas búsquedas en Google, o libros de diferentes tendencias, corremos el enorme peligro de ser llevados sin rumbo por los fuertes vientos de una infinidad de doctrinas diversas (Ef. 4:14).

La actitud correcta con respecto a nuestro acercamiento a la Palabra de Dios es proporcionada por los cristianos de Berea. Pablo había llegado a la ciudad y fue a predicar el evangelio a la sinagoga local. Ellos no se conformaron con lo que Pablo decía, sino que Lucas nos dice: «... recibieron la palabra con toda solicitud, escudriñando diariamente la Escritura, para ver si estas cosas eran así» (Hech. 17:11). Debemos ser como los bereanos, nobles, que profundizan en la Escritura por horas y días, buscando nutrirse continuamente por la Palabra de Dios. Pero no se trata de una tarea en solitario que la haremos con la fuerza de nuestro intelecto. Estoy plenamente convencido de que el Espíritu Santo es fiel para guiarnos en toda la verdad. No quisiera que me malentiendan. No es mi intención animarlos a dejar la lectura de buenos libros, escuchar buenos sermones o buscar investigar en diferentes fuentes, simplemente deseo recordarles y recordarme que la fuente principal y fundamental debe ser la Santa Perfecta e Inspirada Palabra de Dios y el Espíritu Santo debe ser nuestro guía por excelencia.

PERSEVERANDO EN LA FIDELIDAD EN MEDIO DE LA DIFICULTAD

Porque yo soy el Señor tu Dios, que sostiene tu diestra, que te dice: "No temas, yo te ayudaré" (Isa. 41:13).

Las circunstancias de la vida y nuestra propia debilidad nos deben hacer reconocer que podemos fallar y que es muy humano sentir temor a quedar en el camino. Les pregunto:

¿Creen que José no pasó momentos de debilidad o miedo cuando se encontraba en la prisión de Egipto?
¿Creen que los tres jóvenes que enfrentaron con fe la orden dada por el rey de Babilonia no tenían ni un poco de miedo al sentir el calor abrasador del horno de fuego?
¿Creen que Josué en ningún momento tuvo al menos un poco de miedo al enfrentar cada una de sus luchas?
¿Creen que Pedro no tuvo miedo cuando se encontraba sobre las aguas y vio a su alrededor un mar oscuro en la noche y agitado por el viento?

Ser cristianos no significa que nunca tendremos miedo. Somos seres humanos y el miedo es normal cuando enfrentamos muchas circunstancias. Tú puedes creer plenamente en la soberanía de Dios y tener la certeza de que te guarda y protege, pero si encuentras un tiburón mientras estás nadando en una playa australiana, estoy seguro de que no solo vas a sentir miedo, vas a sentir pavor. Eso es algo normal.

Todos los que deseamos luchar y esforzarnos por ser fieles a Dios en cada área de nuestra vida viviremos situaciones tensas, complicadas e incluso peligrosas. Podremos ser insultados por exponer nuestras creencias y valores; podremos sufrir presión en la escuela o en la facultad por vivir el evangelio entre nuestros compañeros; podremos, incluso, dependiendo del país en el que residimos, ser perseguidos por causa de nuestras creencias. Cuando más fieles somos a Dios más difíciles se pondrán las cosas en el mundo. Sin embargo, en esos momentos de debilidad, de miedo o aflicción, no estamos solos, sino que nos encontramos con la mayor fortaleza que podemos tener: la diestra de nuestro Dios.

No logramos perseverar en nuestra fidelidad en los momentos más difíciles por nuestra capacidad, sino por Su poder y autoridad sobre todas las cosas que se representa en la Biblia por Su «diestra». Entonces, no se trata de nuestra fuerza, valentía o intrepidez, sino únicamente de Su diestra. Su poder y autoridad nos sostiene, nos permite seguir avanzando, nos da valentía para seguir proclamando el evangelio, continuar luchando por vivir en santidad y perseverar en fidelidad día tras día. Se lo debemos todo a Él, a la diestra de Su poder. Qué hermoso consuelo encontramos en los días más terribles de nuestra vida al poder sentir el susurro de Su voz en nuestro corazón diciendo: «No temas, Yo te ayudaré». Saber que son palabras de nuestro Dios, nuestro Padre, nos llena de aliento y fortaleza. Es todo gracias a Él y solamente a Él.

Mi carne y mi corazón pueden desfallecer, pero Dios es la fortaleza de mi corazón y mi porción para siempre (Sal. 73:26).

El salmista expresa, en primer lugar, un estado de desánimo o debilidad física al referirse a su carne. Es posible que se esté refiriendo a fatiga, cansancio o incluso a algún dolor físico. Por otro lado, nos encontramos con un corazón abatido, un corazón que desfallece, un corazón sin fuerzas y ánimo para seguir adelante. Estamos frente a un hombre que desea ser fiel a Dios, pero está, tanto en su exterior como en su interior, sin aliento ni fuerzas.

Estas situaciones sumamente difíciles pueden dar un vuelco con un gran «pero». Son esos grandes «pero» de la Biblia los que marcan la diferencia en nuestras vidas. No podemos saber lo que va a sucedernos, pero sabemos que Dios siempre tiene todo bajo control. Él conoce nuestro futuro y lo tiene en Sus manos. No sabemos si una enfermedad podría acabar con nuestra vida en esta tierra o si seremos sanados, pero lo que sí sabemos es que Dios tiene todo el poder para sanarnos si es Su voluntad. No sabemos los peligros que corremos a diario, incluso sin darnos cuenta, pero sí sabemos que Dios es nuestro refugio en todo tiempo. No sabemos de dónde sacar fuerzas muchas veces para seguir adelante, pero Dios es siempre nuestra fortaleza. Cuando te esfuerzas por ser fiel a Dios muchas veces te pueden atacar ciertas dudas en las que no sabes si conseguirás mantenerte firme hasta el final, pero tienes la certeza de que Dios hará todo eso posible día tras día.

> Ante cada situación o problema que enfrentes en tu vida diaria, recuerda los grandes «peros» de la Escritura.

Recuerda esto que te diré ahora. El camino de la fidelidad es muchas veces un camino solitario. Ser fiel a Dios podría costarte el perder amistades e incluso el rechazo de seres muy queridos, personas hasta de tu propia familia. Lo que muchas veces Satanás te susurrará al oído es: «Has decidido seguir a Cristo y por eso ahora estás solo». En esos momentos de soledad debes recordarte una gran verdad: Puedo sentirme solo entre las personas, pero Dios siempre estará conmigo. Puede incluso una madre olvidarse del niño que llevó en su vientre, pero Dios nunca te dejará ni te desamparará. No importa lo que enfrentes, vale la pena ser fiel a Dios. Abrázalo con fuerzas, refúgiate en Él, pues es Él el que hará posible que sigas adelante día tras día.

PERSEVERAR EN CRISTO PARA DAR FRUTO AGRADABLE

Yo soy la vid, vosotros los sarmientos; el que permanece en mí y yo en él, ése da mucho fruto, porque separados de mí nada podéis hacer (Juan 15:5).

Hay una verdad ineludible que no podemos pasar por alto. No existe forma de que avancemos, que demos fruto, nos mantengamos firmes y fieles al Señor, si dejamos de estar pegados a la vid, a Cristo, si no permanecemos en Él y Él en nosotros. Sin Cristo seríamos solo una rama cortada de la raíz que poco a poco se irá secando hasta quedarse sin vida. Solo íntimamente unidos a Él estaremos siendo alimentados y fortalecidos para llegar a ser ramas vigorosas, firmes y fructíferas. Jesús fue absolutamente claro, no le dio muchas vueltas, ni fue sutil al pronunciar «separados de mí nada podéis hacer». Jesús está diciendo que nunca podremos hacer nada que sea totalmente agradable a Dios, conforme a Su voluntad y que le entregue la honra alabanza y gloria a nuestro Dios si es que estamos separados de Él.

Para permanecer fieles en cada área de nuestras vidas, para mantenernos firmes, exaltar y glorificar a Dios en cada situación que enfrentemos, no solo debemos leer sobre Cristo, escuchar acerca de Cristo, sino que debemos estar en Cristo.

> Estar en Cristo es la clave de la perseverancia fructífera.

De lo que estamos hablando es de poder tener una vida que glorifique a Dios, que sea fiel y que persevere hasta el día de Cristo. Esa realidad la puedo representar de la siguiente manera. Todos podemos edificar una casa, ponerle buenos pilares en el centro, utilizar los mejores materiales para construir las paredes, comprar el mejor aluminio para las ventanas y cerrarlas con los mejores cristales del mercado, colocarle preciosas puertas de madera de roble y terminar con un precioso suelo de cerámica importada desde Italia. Sin embargo, un día llegará la tormenta, los ríos salidos de su cauce golpearán nuestra casa y un terremoto sacudirá nuestros cimientos. De nada servirá haber edificado esta preciosa casa si su base era la arena, que representa nuestras fuerzas y obras. Lo que marcará la diferencia no es lo que construyamos nosotros, sino el fundamento sobre el cual edificamos todo. La base, la roca, es Cristo. Él es el que va a permitir que en el día de la tormenta nuestra vida se mantenga firme.

Si queremos ser fieles, si queremos permanecer firmes, si queremos perseverar y prevalecer hasta el final debemos estar fundamentados en la Roca, debemos estar injertados en la Vid y debemos permanecer en Cristo. Esa es nuestra única esperanza para perseverar hasta el fin.

Separados de la Vid, nada podremos hacer; cimentados fuera de la Roca, grande será nuestra ruina.

Nuestro lugar en la perseverancia

Y a aquel que es poderoso para guardaros sin caída y para presentaros sin mancha en presencia de su gloria con gran alegría, al único Dios nuestro Salvador, por medio de Jesucristo nuestro Señor, sea gloria, majestad, dominio y autoridad, antes de todo tiempo, y ahora y por todos los siglos. Amén (Jud. 1:24).

Judas afirma, al igual que Jesús, que la clave de nuestra perseverancia no está en nosotros. Judas reconocerá que solo Dios es poderoso para guardarnos sin caída y presentarnos sin mancha en presencia de Su gloria. No solo nos dice que nos puede guardar sin caída, sino que también nos va a presentar ante Él mismo sin mancha, es decir, nos va a mantener perseverantes hoy y nos seguirá sosteniendo hasta el final de nuestros días.

No quiero en ningún momento, y si eso pasa por tu mente quiero que quites este pensamiento en este mismo momento: ahora que ves con claridad que todo depende de Dios ya no tendrás que hacer ningún esfuerzo por guardarte y cuidarte día tras día. ¡No se trata de eso! La clave está en que te esfuerces como si dependiera de ti, pero que nunca te olvides de descansar y confiar que todo finalmente está en las manos de nuestro poderoso Dios.

Por supuesto que debemos orar y orar sin cesar. Debemos ayunar de vez en cuando para buscar más profunda e intensamente al Señor. Ni por un momento debemos dudar de que necesitamos sumergirnos día tras día en el estudio de la Sagrada Escritura. La comunión constante con otros creyentes para ser animados y fortalecidos en la fe no es una opción, sino una demanda que el mismo Señor estableció en la Biblia (Heb. 10:25). Sin embargo, en todo momento debemos recordar que es Dios el que produce la motivación correcta y las fuerzas para llevar a la práctica Sus mandamientos, y que nuestra firmeza se la debemos toda a Él y tan solo a Él.

Aun si nos esforzamos mucho, tarde o temprano tendremos un momento de debilidad, así como también la tuvieron los personajes bíblicos mencionados en este libro. Sin embargo, en esos momentos, Su diestra estará extendida, Él nos sostendrá y nos ayudará porque Él es fiel. Gracias a Dios por Su fidelidad.

Toda honra y toda gloria sean dadas solo a Él.

7

FIELES PARA
LA GLORIA DE DIOS

La motivación fundamental
de todo cristiano

Entonces, ya sea que comáis, que bebáis, o que hagáis cualquier otra cosa, hacedlo todo para la gloria de Dios (1 Cor. 10:31).

Quisiera terminar este libro hablándoles de la motivación central de todo cristiano. Todo lo que hacemos en nuestra vida diaria debe ser para la gloria de Dios, y una parte integral para poder alcanzar ese objetivo es poder tener una vida íntegra de fidelidad al Señor.

Todo lo que hay en el universo, incluidos los seres humanos, han sido creados para manifestar la gloria de Dios y ese debe ser el enfoque principal de nuestros días, no solo cuando realizamos tareas dentro de la iglesia, sino en cualquier área y momento de nuestra vida. Por ejemplo, debemos tratar a nuestra esposa, educar a nuestros hijos y amarlos, trabajar y servir a nuestro jefe, tratar y honrar a nuestros padres, conducirnos por la ciudad y entre nuestros vecinos, servir y caminar con nuestros hermanos de la fe, debemos obedecer y respetar las autoridades civiles de una forma que glorifique a Dios. Es decir, en todo lo que hagamos y sin importar dónde estemos, todo debe ser para la gloria de Dios.

El famoso Catecismo menor de Westminster dice en la pregunta número 1: **¿Cuál es el fin principal del hombre?** La respuesta es: *«el fin principal del hombre es el de glorificar a Dios y gozar de Él para siempre».*

Hacer las cosas para la gloria de Dios no significa que nuestras acciones harán que Dios sea glorioso en ese momento, pues Dios es glorioso en Su propia persona, es decir, en Él está toda la plenitud de la gloria. Siempre ha sido glorioso, es y será glorioso, y nada de lo que hagamos hará que Su gloria crezca o disminuya en ninguna medida. No podemos incrementar ni hacer menguar Su gloria, pero sí podemos glorificarlo con nuestras actitudes. Podemos vivir una vida que lo exalta, podemos rendirle nuestra adoración en todo tiempo, podemos servir a Su pueblo y a los demás en Su nombre, podemos someternos en recta obediencia a Sus mandamientos, podemos amarlo con todas nuestras fuerzas y con todo nuestro ser, podemos tenerlo como el centro de nuestro gozo y nuestra alegría, podemos mostrar el reflejo de Su carácter al procurar imitar a Jesús, y así, con una vida marcada por cada una de esas cosas, entre otras, podemos declarar que es glorioso y nos sumamos en glorificarlo a Él con nuestras vidas.

Los Salmos nos muestran que los cielos cuentan la gloria de Dios, es decir, que la propia naturaleza, la creación, son un reflejo de Su gloria eterna (Sal. 19). Nosotros, como parte de esa creación, también debemos dar cuenta de la gloria de Dios, debemos buscar con nuestro estilo de vida que todo redunde para que Dios sea alabado, para que otros lo puedan conocer, para que muchos puedan experimentar el temor del Señor, para llevar a otros a creer y exaltar a Jesucristo, para que Su nombre sea alabado por cada pueblo, tribu o nación, para que los hombres y mujeres de nuestro entorno puedan ver nuestra buenas obras y glorifiquen a nuestro Padre que está en los cielos (Mat. 5:16).

Estamos en esta tierra solo por un motivo y es el siguiente: Dios así lo quiere.

Dios nos ha creado, nos ha escogido, nos ha llamado, nos ha cuidado hasta donde estamos hoy, y si todavía late el corazón en nuestro pecho es únicamente por Su gracia y misericordia. Por eso, porque existimos y vivimos por Él, nuestras vidas le pertenecen por completo. Como lo expresó el apóstol Pablo de manera majestuosa:

Porque de Él, por Él y para Él son todas las cosas. A Él sea la gloria para siempre. Amén (Rom. 11:36).

No somos producto de la casualidad ni de fuerzas impersonales que nos hicieron aparecer un día sobre la tierra, sino que Dios formó al primer ser humano del polvo de la tierra y sopló aliento de vida sobre él. Debemos glorificarlo porque es nuestro Creador.

Pero no solo somos Sus criaturas, sino que también nos ha salvado. Imagino que la mayor parte de los lectores de este libro son cristianos y por esto te estoy animando a ser fiel a Dios porque debes glorificar a Dios con tu vida, aun a pesar de tu debilidad porque puedes hacerlo en Cristo. Nuestra gratitud y nuestro deseo de glorificarle se acrecienta cuando recordamos que estábamos muertos en nuestros delitos y pecados, sumergidos en el lodo y rodeados por las tinieblas, esclavos del pecado y los deseos de la carne. Éramos enemigos de Dios y solo nos esperaba Su ira y el castigo eterno. Pero fuimos llamados por Su gracia y salvados de nuestra terrible condición. El Señor nos limpió de todos nuestros pecados, nos justificó mediante la fe en Jesucristo, nos declaró Sus hijos y ahora somos libres del pecado y en lugar de ira, nos espera una eternidad gloriosa en comunión con Dios. Ese amor inmerecido que se manifestó en una salvación tan grande es uno de nuestros principales motivos para glorificar a Dios. El Señor nos ha salvado y por ello debemos exaltarlo a diario, recordando con gratitud esa preciosa obra que hizo por nosotros.

El Señor como centro de nuestras vidas

Existen muchas formas de glorificar a Dios, pero la manera más simple de resumir cómo hacerlo en cualquier situación de nuestras vidas es poniendo a Dios como el centro de nuestras vidas. Cuando Dios se vuelve el centro de nuestras palabras, de nuestros pensamientos, de nuestras acciones, de nuestros sentimientos, es cuando Dios es más glorificado en nuestra vida. Para poder saber si el Señor ocupa una posición central en nuestras vidas, podríamos hacernos estas preguntas:

¿Cuáles son tus motivaciones en la vida? ¿Un mejor salario? ¿Un mejor puesto de trabajo? ¿Un ascenso profesional? ¿Una casa mayor? ¿Un coche más lujoso? ¿Poder viajar por todo el mundo?

Un cristiano entiende que solo Dios y Su gloria deben ser su prioridad, incluso al precio de su propio bienestar, es decir, teniendo a veces que aceptar trabajos con menores salarios, a vivir en lugares menos lujosos o a llevar un tipo de vida menos ostentosa. Nuestra prioridad es ahora Dios, Su obra y Su reino. Tenemos al Señor como centro de nuestras vidas y glorificamos a Dios cuando:

- Nos dedicamos a ser la luz del mundo y la sal de la tierra es cuando las personas que nos rodean podrán ver nuestras buenas obras y glorificar a nuestro Padre (Mat. 5:16).

- Llevamos mucho fruto y somos verdaderos discípulos de Jesucristo (Juan 15:8).

- Alabamos y cantamos al Señor de todo nuestro corazón y contamos por toda la tierra Su gloria y grandeza (Sal. 96).

- Usamos nuestros dones para el servicio y exaltación de Jesucristo (1 Ped. 4).

- Analizamos nuestro corazón constantemente para que la motivación sea la correcta al buscar ser fieles a Dios y vivir una vida íntegra, piadosa y recta ante Sus ojos.

Tened el mismo sentir unos con otros; no seáis altivos en vuestro pensar, sino condescendiendo con los humildes. No seáis sabios en vuestra propia opinión (Rom. 12:16).

Existe una profunda confusión entre los cristianos cuando creen que están glorificando a Dios, pero en realidad se trata de su propio orgullo y soberbia. La altivez se llega a convertir en el motor y el motivador principal de muchas cosas que hacemos en la vida y, tristemente, puede ser el motivo por el cual se hacen muchas cosas en la iglesia de Cristo. El apóstol Pablo llegó a decir que en su tiempo algunos predicaban por envidia o por contender con su persona (Fil. 1:15). Por ejemplo, existen algunas personas deseosas de participar de un grupo de alabanza para figurar o mostrar sus talentos, pero no están dispuestos a servir en otras posiciones menos visibles en la iglesia. Algunos creen que ejercer algún ministerio les otorga un rango superior o una posición más elevada que los demás, muchos creen que el ministerio les da potestad de mandar sobre otros y los hace más especiales ante Dios. Cuán equivocados están los que piensan de tal manera. No hay nada más triste que personas que sirven a Dios por las motivaciones equivocadas, provocando en sus corazones altivez, soberbia, orgullo y arrogancia.

Pero también hay muchos que procuran vivir una vida íntegra ante Dios, luchan con el pecado, se abstienen de prácticas pecaminosas, se visten con modestia y decoro, actúan con prudencia, luchan por una vida de santidad y justicia y, aparentemente, son personas maduras en la fe a los ojos de muchos. Sin embargo, todavía son inmaduros y se dejan guiar por su propio yo. Eso los lleva a sentir que son mejores que aquellos que todavía no son maduros en la fe, a sentirse más limpios que aquellos que no viven de la misma forma que ellos, e incluso insultan y desprecian a las personas que pecan o caen en alguna práctica pecaminosa. Miran a otros por encima del hombro y tachan de no cristianos a los que actúan diferente a ellos. La arrogancia, la soberbia y el orgullo solo puede ser fruto de un corazón carnal gobernado todavía por sus pasiones y por la cosmovisión del mundo.

Por el contrario, un corazón espiritual, una persona regenerada, alguien que ha nacido de nuevo y el Señor gobierna y es el centro de su vida, mirará a todos con amor, con misericordia, con gracia, y, tal y como dice la Escritura, considerará cada uno a su hermano como superior a sí mismo (Fil. 2:3). Si lo que nos motiva a vivir nuestra vida cristiana es más nuestra propia gloria que la gloria de Dios, si por un instante vemos que se nos llena el pecho de orgullo y nos sentimos por un solo segundo mejores que alguien de nuestro entorno, estamos a tiempo de arrepentirnos y correr al trono de la gracia implorando el perdón y la misericordia del Señor, pues tales cosas nacen de la carne y no del Espíritu.

Debemos vivir perseverando en fidelidad a Dios, pero con un corazón humilde, quebrantado, amoroso, misericordioso y servicial con todos los que nos rodean, hermanos o no hermanos, vivan como vivan, estamos para servir y amar a nuestro prójimo, y, lo más importante, no existe mayor manera de glorificar a Dios que la muestra activa y presente del amor de Dios en nosotros y a través de nuestras vidas. Además, medir a las personas con rigor y dureza puede jugarnos en el futuro una muy mala pasada. Pablo lo explica de la siguiente manera: «Por tanto, el que cree que está firme, tenga cuidado, no sea que caiga» (1 Cor. 10:12).

Somos seres humanos, no somos seres celestiales, no somos ángeles, ni querubines, ni serafines, somos personas de carne y hueso, y mientras estemos en la tierra y hasta que recibamos en la eternidad nuestro cuerpo glorificado, viviremos con este cuerpo de carne el cual puede llevarnos algunas veces a tropezar. Con la misma vara que medimos se nos medirá, de la misma forma que juzgamos seremos juzgados, y les aseguro, que tarde o temprano, de alguna forma, vamos a tropezar, y si hemos sido así con todos, no encontraremos un brazo extendido para levantarnos, sino un sentimiento de soledad porque nos darán la espalda por el desprecio con el que los tratamos en el pasado.

No digo que el creyente viva pecando. Dios me libre de un comentario tan grave. El que practica el pecado es del diablo. Sin embargo, el creyente puede pecar, y a veces pecará, ya sea con un gesto, un pensamiento o un sentimiento en su corazón. La Biblia dice que siete veces caerá el justo, mas de todas ellas lo levantará el Señor (Prov. 24:16). Ya no somos esclavos del pecado, pero combatimos en una feroz guerra espiritual contra el enemigo de nuestras almas, contra el mundo y contra nuestra carne. Si no alimentamos a diario nuestra vida espiritual con ayuno, lectura, oración y comunión fraternal, no tendremos la salud y fortaleza espiritual y caeremos en más de una ocasión.

No somos héroes de la fe, somos simples cristianos, y no estamos en esta tierra para acusar a otros, sino para extender una mano a los que caen y ayudarles para que su caminar con Dios sea más ligero. Estamos para sobrellevar unos las cargas de los otros y no para poner más cargas sobre los hombros de nadie.

Pero EL QUE SE GLORIA, QUE SE GLORÍE EN EL SEÑOR. Porque no es aprobado el que se alaba a sí mismo, sino aquel a quien el Señor alaba (2 Cor. 10:17-18).

No nos golpeemos el pecho diciendo lo importantes que somos. No nos alabemos sutil e indirectamente al hablar de cuántas horas oramos de nuestros ayunos. No exaltemos nuestras oraciones en público, no busquemos el reconocimiento de la gente, ni el aplauso de los que nos rodean, sino que si tenemos algún motivo para gloriarnos, que sea de la gracia del Señor.

PALABRAS FINALES

Vivir una vida de fidelidad al Señor es difícil, y quien diga que nunca ha sentido un gramo de orgullo en su corazón o un milímetro de soberbia gobernando su vida, aun por un instante, es posible que no haya examinado su vida con la sinceridad y la profundidad debida.

Podemos anhelar con todo el corazón ser fieles, pero sabemos que podemos fallarle al Señor. Sin embargo, es bueno saber que «si somos infieles, él permanece fiel, pues no puede negarse a sí mismo» (2 Tim. 2:13). Dios no nos abandona, nos bendice y nos levanta en muchas áreas y situaciones. No será el primer rey como Saúl que pasó de obedecer al Señor a traicionarlo y negarse a hacer Su voluntad, levantando incluso un monumento en honor de su misma persona. No será el primer caso como David, quien, aún siendo un hombre conforme al corazón de Dios, tuvo momentos de grandes debilidades y pecados que no glorificaron al Señor. El apóstol Pedro se levantó prometiéndole al Señor que nunca lo abandonaría y estaría con Él hasta la muerte, pero en el momento de mayor presión negó a Cristo en tres ocasiones. La historia bíblica nos muestra cómo el único que desde el principio a fin vivió una vida intachable sin nada que reprocharle y ningún pecado a Su cuenta contra Dios fue Jesús. Por lo tanto, aparte de Él, todos estuvieron y estamos sujetos a caer y a pecar en algunas ocasiones.

Si algo hacemos bien, si en algún momento prosperamos en alguna área de nuestra vida, si tenemos dones que se desarrollan exponencialmente e impactan a muchas personas, si tenemos un talento musical que nos lleva a conmover a muchos corazones con nuestra música, si tenemos un talento especial para la escritura que nos lleva a edificar cientos o miles de vidas con nuestros libros, si algo hacemos bien, si en algo destacamos algún día o si algo que sale de nosotros es motivo de alabanza por parte de otras personas, si existe algún motivo de gloriarse, gloriémonos tan solo en el Señor, pues todo viene de Él, es por Él y es para Él, es por eso que solo a Él sea la gloria hoy y siempre, por los siglos. Amén.

Mis ojos estarán sobre los fieles de la tierra, para que moren conmigo;
el que anda en camino de integridad me servirá
(Sal. 101:6).

Sé fiel hasta la muerte, y yo te daré la corona de la vida
(Apoc. 2:10).

RECURSOS

PARA PASTORES Y LÍDERES

WWW.LIFEWAYLIDERAZGO.COM